KURTHEATER ⑦

Königlicher Kulturgenuss in historischem Ambiente – von der Travestieshow bis zum klassischen Drama.

➤ S. 68, Norderney

BADE:HAUS ⑧

Das große Thalassobad bietet von der Saunalandschaft bis zu Kinderspielinseln einfach alles.

➤ S. 75, Norderney

ALTE INSELKIRCHE ⑨

Das älteste Gotteshaus der Ostfriesischen Inseln und ein kleiner, romantischer Friedhof: Beide finden sich auf Spiekeroog.

Aus dem dunklen Inneren in die bunten Seitenfenster fotografieren, idealerweise bei Sonnenschein

➤ S. 100, Spiekeroog

CAFÉ PUDDING ⑩

Wie eine gläserne Aussichtskanzel steht das Café über Wangerooges Strand mit Blick auf die viel befahrenen Wasserstraßen.

Tipp: Die dicken Pötte kommen der Insel zwar nah, ein Teleobjektiv lohnt sich trotzdem

➤ S. 112, Wangerooge

INHALT

WANGEROOGE
LANGEOOG
NORDERNEY
JUIST
BALTRUM
SPIEKEROOG
BORKUM

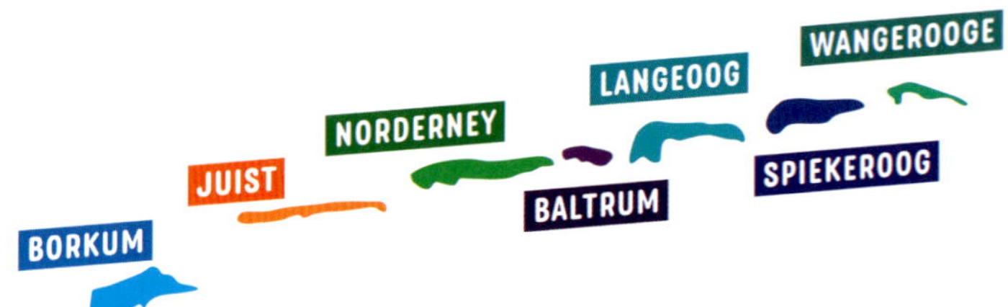

OSTFRIESISCHE INSELN

BORKUM JUIST NORDERNEY
BALTRUM LANGEOOG
SPIEKEROOG WANGEROOGE

INSIDER-TIPP
Deine Abkürzung ins Erleben!

Reisen mit MARCO POLO Insider-Tipps

MARCO POLO TOP-HIGHLIGHTS

DÜNENTAL ★1
Eine Landschaft auf Baltrum, in der im Mai Konzerte erklingen und sonst große Stille herrscht.
Tipp: Zeit mitbringen, auf einer Bank ruhig abwarten. Dann laufen dir die Fasane direkt vor die Linse

➤ S. 81, Baltrum

FKK-STRAND & STRANDSAUNA ★2
Das Besondere am FKK-Strand auf Borkum ist: Hier darfst du – anders als sonst – auch in den Dünen liegen.

➤ S. 48, Borkum

HAMMERSEE ★3
Der größte See der Inseln liegt auf Juist – lässt sich in einer Stunde umwandern.
Tipp: Mit etwas Abstand ergeben sich vom Dünenpfad aus schöne Überblickfotos

➤ S. 57, Juist

SEEBRÜCKE ★4
Mit seinem begehbaren Seezeichen (Foto) holt Juist den Persischen Golf ans Wattenmeer.
Tipp: Bei ruhigem Wetter über das Hafenbecken hinweg fotografieren – tolle Spiegelung im Wasser!

➤ S. 54, Juist

DÜNENFRIEDHOF ★5
Auf Langeoog erinnert ein romantisch angelegter Gemeindefriedhof an die große Sängerin Lale Andersen und an das Leiden im Zweiten Weltkrieg.

➤ S. 90, Langeoog

BADEMUSEUM ★6
Das Museum illustriert spannend und vergnüglich ein Stück Urlaubsgeschichte.

➤ S. 68 Norderney

MARCO POLO TOP-HIGHLIGHTS

DAS BESTE ZUERST

SO TICKEN DIE OSTFRIESISCHEN INSELN

ESSEN, SHOPPEN, SPORT

MARCO POLO REGIONEN

ERLEBNISTOUREN

GUT ZU WISSEN

⏲	Besuch planen	🍴	Essen/Trinken
€–€€€	Preiskategorien	🛍	Shoppen
(*)	Kostenpflichtige Telefonnummer	🍸	Ausgehen
		🏖	Top-Strände

(🗺 A2) Herausnehmbare Faltkarte
(🗺 a2) Zusatzkarte auf der Faltkarte
(0) Außerhalb des Faltkartenausschnitts

BESSER PLANEN MEHR ERLEBEN!

Digitale Extras
go.marcopolo.de/app/ofi

MARCO POLO

DIGITALE EXTRAS

DIGITAL NOCH MEHR ERLEBEN

Schneller in Urlaubslaune kommen.

Perfekt organisiert sein – vor, während und nach dem Urlaub.

Mit der MARCO POLO Touren-App und unseren digitalen Angeboten.

Noch mehr Trendziele, Inspiration und aktuelle Infos findest du auf **marcopolo.de**

Werde Teil unserer Reise-Community und folge uns auf **Instagram** und **Facebook!**

SO EINFACH GEHT'S

1. Website besuchen
2. Die digitale Welt von MARCO POLO entdecken
3. App runterladen und ab in den Urlaub

Alle Infos zum digitalen Angebot unter **marcopolo.de/app**

DAS BESTE ZUERST

Abends, wenn der Juister Strand sich leert, wird die Stimmung romantisch

2749
2753
2752

SPIELPARADIES FÜR JEDES ALTER

Wer braucht einen Gameboy, wenn er die *Borkumer Knobelkiste* hat? Der Laden ist auf Geduldsund Gesellschaftsspiele spezialisiert, alles analog zum Ausprobieren, Kaufen oder Ausleihen.

➤ S. 47, Borkum

DIE SCHÖNSTE BIBLIOTHEK DER NORDSEE

Das ehemalige Kurhaus Norderneys ist als *Conversationshaus* zu neuem Leben erwacht. Ein einzigartiges Juwel ist der stilvolle Lesesaal, der jene auf allen anderen Inseln in den Schatten stellt.

➤ S. 68, Norderney

DREI BIS FÜNF FILME TÄGLICH

Auch wenn einige von ihnen recht klein sind, besitzen doch alle Inseln ein eigenes *Inselkino*. Das auf Wangerooge zeigt täglich drei bis fünf verschiedene Filme. Dass am Nachmittag in der Regel vor allem Kinder- und Jugendfilme laufen, versteht sich von selbst.

➤ S. 115, Wangerooge

HISTORISCHE BADEMODE

Wie puritanisch keusch noch vor 100 Jahren in der Nordsee gebadet wurde, zeigt das *Bademuseum* (Foto) auf Norderney sehr unterhaltsam. Auch die Bademode der letzten 200 Jahre wird dokumentiert.

➤ S. 68, Norderney

SCHMIEDEN STATT SCHMOLLEN

Für morgen ist Regen angesagt? Dann schnell zum drei- oder fünfstündigen Goldschmiedeseminar in der *Schmucklust* auf Langeoog anmelden. Der dabei entstandene Ring ist die perfekte Erinnerung an den schönsten Regentag des Urlaubs.

➤ S. 93, Langeoog

BEST OF LOW-BUDGET

FÜR DEN KLEINEN GELDBEUTEL

WASSERREICH

Süßwasser ist inmitten der Nordsee ein kostbares Gut. Woher die Inseln ihr Trinkwasser bekommen, erfahren Besucher in einer spannenden Ausstellung im *Wasserturm*. Gegen Vorlage der Kurkarte ist der Eintritt frei.

➤ S. 88, Langeoog

GEMEINSAM SINGEN

Eckart Strate lädt seit 50 Jahren zum stimmungsvollen *Dünensingen* ein – kostenlos, und jeder darf mitsingen.

➤ S. 24, Spiekeroog

SEEHUNDSBANK OHNE BOOT

Von allen Inseln aus finden Kutterfahrten zu Seehundsbänken statt. Es geht aber auch gratis: Auf Borkum kommt man zu Fuß bis auf 500 m an die deutlich größeren Kegelrobben heran: Sie liegen auf der *Seehundsbank Hohes Riff* (Foto) direkt vor dem Städtchen. Fernglas mitnehmen!

➤ S. 45, Borkum

TÄGLICH SCHWIMMEN

Das *Meerwassererlebnisbad* auf Juist gewährt allen Inselurlaubern, die ihre Töwercard durch Bezahlung ihres Kurbeitrags aktiviert haben, täglich 90 Minuten freien Eintritt. Eine ähnliche Regelung gilt für das Erlebnisbad auf Langeoog.

➤ S. 62, Juist, S. 94, Langeoog

VIELFACHER LEBENSRETTER

Heute liegt das *Seenotrettungsboot Langeoog* im Kurviertel an Land. 35 Jahre lang war es erfolgreich vor der Insel tätig. Nun kann man mit der LangeoogCard gratis an Bord gehen.

➤ S. 89, Langeoog

FIT AM STRAND

Großen Zulauf hat auf fast allen Inseln die morgendliche *Strandgymnastik* – oft unter Anleitung und für Kurgäste gratis. Am Strand von Juist sogar schon seit über 30 Jahren!

➤ S. 60, Juist

BEST OF

MIT KINDERN

SPANNENDES FÜR GROSS & KLEIN

SEGEL SETZEN
Vorbeiziehende Segler sind schön zu beobachten. Kindern bietet sich auf Spiekeroog sogar die Gelegenheit, das *Segeln* selbst zu lernen. Schon Achtjährige werden hier in die Technik eingeführt und können zum Abschluss einen Segelschein erwerben.
➤ S. 104, Spiekeroog

INSELRUNDFAHRT
Immer wieder ein Erlebnis sind die Inselrundfahrten in *Miniaturzügen* auf Norderney. Mehrmals täglich geht es mit *Bömmels Bimmelbahn* auf große Fahrt. Eine Entdeckungstour der besonderen Art.
➤ S. 74, Norderney

NACHHALTIGKEIT SPIELERISCH KENNENLERNEN
An Kinder von sechs bis zwölf Jahren richtet sich ein besonderes Angebot des *Nationalparkhauses* auf Juist. Im Sommer lernen sie in verschiedenen Veranstaltungen viel zum Thema Nachhaltigkeit. Eine Kinderuniversität im Urlaubsparadies.
➤ S. 54, Juist

KLEINE ARTISTEN
Ein Zirkusbesuch ist für kleine und große Gäste immer etwas Besonderes. Auf Spiekeroog wird das aber noch einmal eine ganze Portion aufregender: Im *Mitmachzirkus Tausendtraum* können Kinder sogar aktiv in der Manege mitwirken. Die Eltern werden staunen, was der Nachwuchs in den Kursen alles erlernt hat!
➤ S. 104, Spiekeroog

SPIELEN NACH HERZENSLUST
Im *Kinderspöölhus* auf Baltrum haben Kinder die Qual der Wahl – selbst an Regentagen. Denn drinnen wie draußen gibt es hier viele Spielmöglichkeiten – und regelmäßig kommen spezielle Aktionen hinzu.
➤ S. 82, Baltrum

TEE TRINKEN WIE EIN OSTFRIESE

300 Liter Tee trinkt jeder Ostfriese im Jahr – wobei das schnöde Verb „trinken" der Sache nicht gerecht wird: Ostfriesen haben ein wahres Teezeremoniell etabliert (Foto). Lernen kann man es beispielsweise in der Spiekerooger Teestube *Teetied in't Witthuus.*

➤ S. 102, Spiekeroog

DICKMILCH AM INSELENDE

Weit im Osten von Langeoog steht die *Meierei*, eines der für die Inseln typischen entlegenen Milchbauerngehöfte. Warum sich die Acht-Kilometer-Wanderung lohnt? Weil das Ausflugslokal leckeren Milchreis und Dickmilch serviert.

➤ S. 93, Langeoog

DÜNEN ERKUNDEN

Man braucht keine Berge, um schöne Täler zu sehen. Auf Inseln wie Baltrum liegen sie zwischen den Sanddünen, durchzogen von Rad- und Wanderwegen. Hier sieht man Kaninchen und Fasane und lernt, wie viele verschiedene Dünenarten es gibt.

➤ S. 81, Baltrum

WEIT, WEITER, NORDERNEY

Wo früher die Wärter ihrem Dienst nachgingen, blicken heute Urlauber in die Ferne: Die meisten historischen *Leuchttürme* sind öffentlich zugänglich. Der Blick reicht weit über die Dünen, das Festland, das Watt und die See. Der höchste Leuchtturm ist mit 54 m der auf Norderney.

➤ S. 71, Norderney

IM SATTEL ÜBER DEN STRAND

Pferdefreunde schwärmen von Ausritten am Meer – und finden in Reitställen auf allen sieben Inseln Gelegenheit dazu. Nicht nur bei Kindern und Anfängern sind die kleinen Islandpferde des *Spiekerooger Islandhofs* besonders beliebt.

➤ S. 37, Spiekeroog

SO TICKEN DIE OST-FRIESISCHEN INSELN

Ein geliebtes Relikt aus alten Zeiten: Badekarren auf Norderney

ENTDECKE DIE OSTFRIESISCHEN INSELN

Das Urlaubsfeeling beginnt und endet auf der Fähre – mit frischem Wind und weiter Sicht

Weiße Strände, ein unendlicher Himmel und ein Meer, das im Rhythmus der Gezeiten kommt und geht. Wanderwege durch Dünentäler, Seehunde auf Sandbänken. Pferdewagen und Bimmelbahnen, beschauliche Dörfer und zwei Städtchen, die zum Shopping und zu fröhlichen Partys einladen – all das sind die Ostfriesischen Inseln. Ein Reiseziel fürs ganze Jahr.

Wenn das Schiff am Festland ablegt, hat der Inselurlaub schon begonnen. Möwen begleiten die Fähre auf ihrem Weg durchs schmale Fahrwasser. Bei Dunkelheit muss die Crew die Seezeichen mit Suchscheinwerfern ausfindig machen, um nicht im Watt zu stranden. Außer nach Borkum und Juist dauert die Fahrt kaum eine Stunde. Wer nicht gerade Norderney ansteuert, merkt schon im Inselhafen, dass er eine andere Welt betritt. Auf manchen Inseln warten kleine Züge auf die Gäste, auf anderen stehen Pferde- und Handkarren bereit. Taxis und Busse gibt es

7 v. Chr. Erste Erwähnung der Inseln durch einen römischen Schriftsteller

1576 Emder Kaufleute lassen auf Borkum den Alten Turm als ältestes aller noch erhaltenen Seezeichen auf den Inseln errichten

1797 Auf Norderney wird das erste deutsche Seebad gegründet

1815 Sechs Inseln werden dem Königreich Hannover einverleibt, nur Wangerooge bleibt oldenburgisch

1885 Auf Spiekeroog wird die Inselbahn eingeweiht – gezogen von Pferden

nur auf Norderney und – zusätzlich zur Inselbahn – auch auf Borkum.

DER STRAND REICHT OFT BIS AN DEN ORT HERAN

Fast immer führt der erste Weg an die offene Nordsee mit ihren grandiosen Stränden – perfekt zum Sonnen, Baden und Wandern. Auf Spiekeroog und Langeoog werden Ort und Strand durch einen breiten Dünenstreifen voneinander getrennt. Auf Wangerooge, Borkum, Baltrum, Juist und Norderney reichen die Häuser bis an die Uferpromenade heran. Im Sommer wachen zu den Badezeiten Rettungsschwimmer über die Urlauber; für Surfer und Kiter sind eigene Strandabschnitte ausgewiesen.

Auf allen Inseln führen die schönsten Strandwanderungen gen Osten, denn dann gelangt man zu einer weiten, meist völlig ebenen Sandfläche – einer Sandbank, die bei Flut von Wasser bedeckt ist. Es ist junges Land, denn die Inseln wachsen durch Sandanschwemmungen im Osten weiter, während sich im Westen Sturmfluten oft tief in den Strand beißen. Überall stoßen Urlauber auf Muscheln und Reste von Krebsen und manchmal auch auf eine Flaschenpost oder ein Stück Bernstein.

WANDERWEGE SATT – AM MEER UND IM INSELINNEREN

Für den Rückweg ins Dorf oder die Stadt bieten sich auf den meisten Inseln zwei Möglichkeiten: Der eine Weg führt durch ein manchmal kilometerlanges Dünental, das sich zwischen jüngeren Weißdünen auf der Meerseite und den älteren Graudünen auf der Inselseite entlangzieht. Der andere Weg verläuft in der

1940 Tausende Zwangsarbeiter schuften im Krieg auf den Inseln

1986 Gründung des Nationalparks Niedersächsisches Wattenmeer

2018 Zwei Langeooger verklagen die EU: Sie soll die Inseln durch besseren Klimaschutz vor dem Untergang retten

2020/21 Corona-Schock: Immer wieder werden die Inseln für Touristen gesperrt

2022/23 Weit draußen vor den Ostfriesischen Inseln geht der 28. deutsche Offshore-Windpark in Betrieb

Nähe des Wattenmeers am Rand der Salzwiesen oder auf einem Deich. Durch das Watt selbst zu gehen ist gefährlich, aber für Wattwanderungen gibt es auf allen Inseln geprüfte Führer. Es lohnt sich, ein Fernglas dabeizuhaben, denn die Wattenküste ist ein Paradies für Vögel. Spätestens hier wird deutlich, warum es gut ist, dass Watt und Inseln zum Nationalpark erklärt wurden. Eines der letzten Gebäude zwischen Wohn- und Naturschutzgebiet ist oft ein Ausflugslokal. Von hier an begegnet man meist nur noch Wanderern oder Radfahrern. Auf Spiekeroog und Baltrum sind selbst Letztere selten – Fahrräder gelten als zu schnell für den gemütlichen Inseltrott.
Gerade im Sommer sorgt eine Fülle von Veranstaltungen für Abwechslung. Besondere Aufmerksamkeit gilt Kinderprogrammen und dem Sport. Kayaking, Kiten und Reiten sind angesagt. Auch die Gastronomie wandelt ihr Gesicht, setzt zunehmend auf kreative Küche, bunte Cocktails, Loungemöblierung und chillige Musik. Das Althergebrachte bleibt, aber viel Neues tritt hinzu. Das trifft auch auf so manche Hotels und Apartmenthäuser zu, die den Vergleich mit der Konkurrenz auf Sylt nicht scheuen müssen. Den größten Trumpf der kleinen Ostfriesischen Inseln verliert man dennoch nie aus den Augen: Ruhe und Natürlichkeit.

VOM ARMEN FISCHERDORF ZUM MONDÄNEN KURBAD

Norderney vollzog als Erstes den Schritt vom ärmlichen Fischer- und Seemannsdorf zum Nordseeheilbad. Den Boden dafür hatten Philosophen wie Voltaire und Jean-Jacques Rousseau bereitet, die ein einfaches Leben in freier Natur als hohes Glück priesen. Norderney erhielt in diesem Geist von den ostfriesischen Landständen Mittel, die am 17. Mai 1797 zur Gründung des ersten deutschen Nordseebads führten. Im 19. Jh. wandten sich auch die anderen Inseln dem Fremdenverkehr zu, wobei ihre Kurbauten vergleichsweise bescheiden blieben. Wirtschaftskrisen und Kriege warfen die zunehmend vom Tourismus abhängigen Inseln immer wieder zurück. In beiden Weltkriegen baute man insbesondere Borkum und Wangerooge zu Seefestungen aus und legte Flugplätze an oder erweiterte sie. Wangerooge wurde noch in den letzten Kriegstagen nahezu vollständig zerstört. Doch nachhaltigere Veränderungen als die Kriege brachte der Bauboom in den 1960er- und 70er-Jahren, an dem vielfach inselfremde Investoren beteiligt waren. Heute bedauern die Insulaner so manche Bausünde und achten darauf, sie nicht zu wiederholen. Neubauten werden kaum noch genehmigt – was überall stark steigende Mieten nach sich zieht.

IM WINTER SIND DIE INSELN WUNDERBAR ANDERS

Deutlich ist der Trend zu Ferienwohnungen und zum kürzeren Mehrfachurlaub, der den Inseln eine immer längere Saison beschert. Der Winter ist aber nach wie vor ruhig. Dabei lohnt es sich, die Inseln gerade dann zu besuchen. Unvergesslich ist der Anblick verschneiter Dünen – und vielleicht friert ja sogar das Wattenmeer zu wie zuletzt im Eiswinter 2012.

AUF EINEN BLICK

6 TAGE
durchschnittliche Touristenverweildauer

Rügen: 5 Tage

17 km
Strandlänge auf Juist

Amrum: 12 km

0 PKW
(mit Verbrennungsmotor) auf Langeoog

Deutschland: 48 Mio.

80 KM

Rad- und Wanderwegenetz auf Norderney

WÄRMSTER MONAT
AUGUST

im Durchschnitt
17°C

JÄHRLICHE ÜBERNACHTUNGEN AUF DEN INSELN

fast
6 MIO.

CA. 1350
STRANDKÖRBE STEHEN AM STRAND VON WANGEROOGE

Mehr, als es Einwohner gibt

5 MIN.

Kürzester Linienflug der Welt von Harle nach Wangerooge

BERÜHMTE INSULANERIN
Sängerin Lale Andersen („Lili Marleen")

WALKNOCHEN
Als Baumaterial für einige Zäune auf Borkum

DIE OSTFRIESISCHEN INSELN VERSTEHEN

WATT, ABER SICHER

Es gibt Orte, die sich aus der Nähe als nicht halb so großartig entpuppen, wie man es erwartet hat. Das Watt ist das Gegenteil davon. Wer die karg wirkende Welt erstmals betritt, ist fasziniert von dem Leben, das hier tobt. Muscheln, Strandkrabben, zahllose Vogelarten und natürlich Wattwürmer lernt man in Begleitung von Wattführern kennen – die zugleich um die Gefahren der ungezähmten Natur hier draußen wissen.

STRANDSTACHELN

Selbst wer die Inseln nur von lauen Sommertagen kennt, gewinnt eine Ahnung von der Kraft, mit der die Nordsee an ihnen zerrt, wenn er sich bei Flut in die Brandung stellt. Die ganze Urgewalt des Meeres lernen aber nur wenige Urlauber kennen, denn sie zeigt sich erst im Herbst und Winter. Dann toben sich Orkane und Sturmfluten an ihnen aus. Ohne Deiche lägen weite Teile der Küste regelmäßig unter Wasser. Der ungeschützte Strand vor den Deichen dagegen fällt den Wellen immer wieder zum Opfer, zuletzt etwa auf Wangerooge.
Deiche sind aber nicht das einzige Mittel, mit denen sich Inseln schützen. Das andere sind die sogenannten Buhnen: quer zum Ufer verlaufende Dämme aus Gestein und Mörtel. Auf Luftbildern etwa von Norderney wirken sie wie Stacheln, die in den Inseln stecken. Sie sollen zum einen verhindern, dass Strömungen Sand abtragen, und zum anderen neue Sandanlandungen fördern.

DRACHENREITER

Kaum ein Ort in Deutschland schreit mehr danach, Lenkdrachen steigen zu lassen, als die endlose Weite der Strände, über die unablässig der Wind weht. Hier pustet es fast das ganze Jahr über so stark, dass sich selbst große Drachen mühelos in die Luft schrauben. Aus demselben Grund sind die Inseln eines der besten Reviere für Kitesurfer. Naturschützer sehen das Treiben allerdings mit Sorge. Sie fürchten, dass die Lenkdrachen und Kitesegel Zugvögel vertreiben könnten. Um einen Ausgleich zwischen den Interessen von Mensch und Natur zu schaffen, sind Kiten und Drachensteigen deshalb nur an ausgewählten Stränden erlaubt.

DIE NEUEN INSULANER

Sie kommen aus aller Welt, vor allem aber aus Osteuropa: Die vielen hundert Arbeitskräfte, ohne die Hotels und Restaurants auf den Inseln in der Sommersaison aufgeschmissen wären. Viele sprechen exzellent Deutsch und heuern jedes Jahr aufs Neue an. Manche werden heimisch und bleiben für immer. Die früher oft verschlossenen Gemeinschaften auf den Inseln werden damit bunter: Insulaner sind längst nicht mehr nur Platt schnackende Ostfriesen im Fischerhemd – sondern auch der Koch aus Marokko, der mit seiner Frau aus Polen ein Restaurant auf Juist betreibt.

MEERSENFZONE

Schon ihre Namen genügen, um Wellenrauschen in die Ohren und Salzluft in die Nase zu zaubern: Meersenf, Strandquecke, Sanddorn, Strandhafer. So heißen die bekanntesten Pflanzen, die den ausgedehnten Dünengürtel auf den Inseln überziehen. Es lohnt sich, einen Blick auf sie zu werfen, denn sie verraten, wie die Landschaft entstand. Wer vom Strand in die Dünen steigt, stößt zunächst meist auf Meersenf, Salzkraut und Strandquecke. Sie stehen in einer Zone, die nur selten überspült wird. In ihrem Windschatten bilden sich Sandanhäufungen, die sogenannten Vor- oder Primärdünen. Auf ihnen siedelt sich Strandhafer an. Er ist der Hauptbaumeister der Dünen: Mit seinen bis zu 10 m langen Wurzeln festigt er den Boden. So sammelt sich mehr Sand, und schließlich wächst eine Kette sogenannter Weißdünen. Sie werden vom Meer nicht erreicht, der Regen wäscht nach und nach das Salz aus ihnen heraus, und so können sich die nächsten Pflanzenfamilien ansiedeln – Sandnachtkerzen etwa, Sandrotschwingel oder Sanddorn.

Im Lauf der Jahre werden die von einer dünnen Humusschicht bedeckten Dünen dann von Gräsern erobert – so entstehen die Graudünen. Ihre ärgsten Feinde sind Kaninchen und Menschen abseits der Wege, die ihre

In Reih und Glied stehen Pfähle im Wasser, um Sandabspülungen zu vermeiden

Spielball der Gezeiten: Das Watt – wie hier auf Spiekeroog – ist Unesco-geschützt

Pflanzendecke zerstören. Bleiben sie jedoch unverletzt, erreichen sie ihr letztes Stadium als Braundünen. Das ist die Periode, in der Wälder aus Moorbirken, Stieleichen oder Vogelbeeren auf ihnen wachsen.

JETZT OFFIZIELL: REGION VON WELTRANG

Die Insulaner wussten es längst, aber seit 2009 ist es beglaubigt: Das Wattenmeer ist weltweit einzigartig. Das hat die Unesco mit der Verleihung des Titels „Weltnaturerbe" bestätigt. Zum Nationalpark wurde die Region schon 1986 erklärt. Auf mehreren Inseln unterhält die Nationalparkverwaltung unterschiedlich gut ausgestattete Informationshäuser, in denen Fragen beantwortet und Führungen angeboten werden. *nationalpark-wattenmeer.de/nds*

SCHWIMMENDE LEUCHTTÜRME

Fragt man Binnenländer, was Feuerschiffe sind, tippen sie in gefühlt neun von zehn Fällen auf Schiffe der Feuerwehr. Die aber heißen Feuerlöschboote. Feuerschiffe dagegen hatten eine andere Aufgabe: Sie dienten noch vor vier Jahrzehnten überall vor den deutschen Küsten als Seezeichen – als schwimmende Leuchttürme gewissermaßen. Heute sind sie außer Dienst gestellt. Auf Borkum etwa kann aber noch ein Feuerschiff besichtigt werden.

GEZEITENTREIBEN

Dass sich Ebbe und Flut abwechseln, wissen selbst eingefleischte Landratten. Für alle, die mit tieferem Wissen bei Small Talk glänzen wollen, hier fünf Bonusfakten: 1. Die Gezeiten heißen auch Tiden. 2. Binnen 24 Stunden und 50 Minuten ist je zweimal Hoch- und Niedrigwasser. 3. Der Unterschied zwischen beiden Wasserständen heißt Tidenhub. 4. Er nimmt von West nach Ost zu. 5. Auf Borkum beträgt er rund 2,3 m, in Bremerhaven 3,5 m.

INSELN AUF WANDERSCHAFT

Fast alle Dörfer liegen am Westrand der Inseln – obwohl sie einst in der Mitte angelegt wurden. Die Inseln sind quasi unter ihnen weggewandert. Getrieben vom Westwind und Strömungen ziehen sie südostwärts und verändern dabei ständig ihre Form. Spiekeroog etwa war um 1700 viel kleiner, hat sich aber zwei andere Inselchen einverleibt. Auch Bant, wo im 16. Jh. noch Menschen lebten, verschwand von der Karte. Dafür wächst bei Juist mit der Kachelotplatte ein neues Eiland heran.

PLATTSTUNDE

Wer kein Friesisch spricht, muss sich keine Sorgen machen: Das spricht auch auf den Ostfriesischen Inseln seit 100 Jahren niemand mehr. Falls man aber auch kein Plattdeutsch versteht, könnte es einen Tick schwieriger werden. Denn das ist die Sprache, die ab dem 15. Jh. das Friesische auf den Inseln verdrängt hat. Aber selbst Platt sprechen heute nur noch die echten Insulaner, mit gewissen Unterschieden von Insel zu Insel. Urlauber begegnen dem Plattdeutschen (Linguisten reden vom Niederdeutschen) in

KLISCHEE KISTE

FLACH, FLACHER, OSTFRIESENWITZ

Wie bringt man einen Ostfriesen um die Ecke? Man erzählt ihm einen todlangweiligen Witz, z. B. den hier: Warum hat ein Ostfriese eine leere Flasche im Kühlschrank? Falls Besuch kommt, der nichts trinken will. Und warum tragen Ostfriesen beim Zeitunglesen einen Helm? Weil sie Angst vor Schlagzeilen haben.
Es war ein Gymnasiast aus dem benachbarten Landkreis Ammerland, der 1968 mit müden Gags in der Schülerzeitung das Bild vom bräsigen Ostfriesen in die Welt setzte. Es spricht für ostfriesische Geschäftstüchtigkeit, dass die Verulkten die Witze bis heute weiterverbreiten, bleibt ihr Land so doch im Gespräch.
Den hier behältst du aber besser für dich: Was macht ein Ostfriese bei Ebbe? Er verkauft Bauland an Rheinländer.

NICHT LANG SCHNACKEN

Ostfriesen gelten ja als wortkarg. Und, was soll man sagen, zumindest bei der Begrüßung stimmt das Klischee vollkommen. Ein kurzes „He!" genügt. „Moin!" geht auch, und wer zu Ausschweifungen neigt, sagt „Moin, Moin!". Einsilbig fällt meist auch der Abschied aus: „Tschüss!"

den Namen zahlreicher Straßen, Hotels und Restaurants. Aber auch hier braucht man keine Bedenken zu haben: Am Ferienende fällt die Übersetzung meist ganz leicht.

OSTFRIESISCHE LANDVERTEILUNG

Wo hört das Land auf, wo fängt die See an? Die Insulaner haben für die Grenzzonen ein eigenes Vokabular. Polder oder Innengroden heißen die Flächen, die dem Meer durch Eindeichungen abgerungen wurden. Der Regen hat das Salz aus ihnen herausgewaschen, heute sind die Polderwiesen gute Viehweiden. Das salzhaltige Grünland auf der Wattseite der Deiche nennt sich Heller oder Außengroden. Es wird nur gelegentlich überspült und ist ein streng geschütztes Pflanzenrefugium. In den Salzwiesen blühen mit Queller und Salzschlickgras zwei Pflanzen, die mit ihren Wurzeln den Boden festigen, wodurch er sich allmählich erhöht. Aus der unteren Salzwiese wird so die mittlere, dann die obere, die kaum noch überspült wird. Es ist ein Etappensieg für das Land – denn die nächste Sturmflut kommt bestimmt.

ABIFAHRT

Die Geburtenzahlen auf den Inseln sind klein. Zwar haben alle eigene Schulen, aber an manchen gibt es Jahre, in denen nicht ein Kind eingeschult wird. Der Unterricht reicht bis Klasse zehn, anschließend wohnen die Schüler bei Verwandten oder in Internaten auf dem Festland. Nur die Norderneyer Gymnasiasten können mit der Fähre zur Schule fahren. Auf Spiekeroog werden an der privaten Hermann-Lietz-Schule Plätze für Inselkinder frei gehalten, die dort Abitur machen können.

VON WELPEN UND HEULERN

Mit ihren großen Knopfaugen sind sie *die* Sympathieträger des Nordens: die gut 4000 Seehundwelpen, die jedes Jahr von Anfang Juni bis Anfang Juli im deutschen Wattenmeer zur Welt kommen. Urlauber sehen sie mit ihren Muttertieren manchmal schon von der Fähre aus auf den Sandbänken liegen. Während sie an Land unbeholfen wirken, sind sie im Wasser elegante Schwimmer – und erfolgreiche Jäger. Am liebsten fressen sie Plattfische, Garnelen tun es zur Not auch. Die Bestände entwickeln sich positiv – wozu auch die Arbeit der Seehundstation in Norden beiträgt: Sie päppelt Heuler auf, Welpen, die ihre Mutter verloren haben. Später werden sie in die Freiheit entlassen.

DER DÜNENSÄNGER

Eckart Strate hatte alles: wallendes Haar, eine Gitarre und ein Faible für Chansons. Nur den Geschmack von Spiekeroogs Kneipiers, den hatte er nicht. Wo immer der Student 1965 mit seiner Klampfe auftauchte, flog er raus. Doch genau das machte den damals 22-Jährigen zum Begründer einer Inseltradition: dem Dünensingen. Denn weil man Strate in den Kneipen nicht spielen ließ, stellte er sich kurzerhand in die Natur, um alles Mögliche von Jacques Brel bis Cat Stevens zu trällern. Und da steht er heute, mit Mitte 70, noch immer – in kurzen Hosen, braun gebrannt und umgeben

Energie in Sichtweite: Eine steife Brise sorgt hier für guten Antrieb der Windräder

von einer großen Schar Zuhörer. Oder besser: Mitsänger. Denn das Dünensingen ist längst eine Institution auf Spiekeroog. Oft stimmen mehr als 100 Urlauber und Insulaner mit ein. Man findet sie gewöhnlich zwischen Mai und Oktober montags, mittwochs, freitags und samstags (die genauen Daten verrät die Kurverwaltung) nördlich des Dorfs in den Dünen. Eventuelle Textschwächen überspielst du einfach mit selbstbewusstem La-la!

LANGEOOG GEGEN DIE EU

Geht es um den Klimawandel, zeigen die Medien oft Bilder vom Untergang bedrohter Südseeinseln. Die steigenden Pegel bedrohen aber auch die Ostfriesischen Inseln. Schon deshalb ist das Umweltbewusstsein der Insulaner hoch. Ein Ehepaar auf Langeoog hat sich sogar einer internationalen Klage angeschlossen, die effektivere Klimaschutzmaßnahmen von der EU fordern. Geklagt wird auch auf Borkum, Juist und Norderney: Die Inseln wehren sich gegen die geplante Erdgasförderung vor Borkum.

MEER-WIND-ERNTE

Die einen preisen Windräder als Jobmotor, die anderen verteufeln sie als Verschandelung der Landschaft. Fakt ist: Seit 2000 hat sich die Windenergie in Ostfriesland rasant entwickelt. Auf den Inseln dreht sich zwar kaum ein Rotor, weit draußen im Meer aber wachsen seit 2010 die Offshore-Windparks heran. Zudem sind in mehreren Inselhäfen Versorgungsschiffe stationiert. Ausflüge in die Parks bieten die Betreiber nur vereinzelt an.

ESSEN SHOPPEN SPORT

Was lebt denn so im Watt? Auf geführten Wanderungen gibt's die Antwort

ESSEN & TRINKEN

Bodenständig und deftig: Das ist es, was die ostfriesische Küche traditionell auszeichnet. Wer damit fremdelt, muss nicht hungern, denn der Tourismus hat längst kulinarische Vielfalt auf die Inseln gebracht.

Italienische Restaurants etwa sind fast überall zu finden. Für den kleinen Hunger zwischendurch oder den schon allzu strapazierten Geldbeutel gibt es überall Fischimbisse – und auf den meisten Inseln auch einen türkischen Döner- und Kebabimbiss.

BOHNEN & SPECK

In vortouristischen Zeiten war alles anders. Armut präfte die typische Inselküche, die heute kaum noch angeboten wird. Nur einige ausgewählte traditionelle Gerichte stehen noch auf den Karten mancher Restaurants. Die Inseln hatten früher keine Getreidefelder, selten Gemüsegärten und, von Kühen abgesehen, kaum Vieh. So zeichnete sich die Küche damals durch die häufige Verwendung von Hülsenfrüchten und getrockneten Bohnen, von Speck und Pökelfleisch aus. Darauf basieren viele der alten ostfriesischen Spezialitäten.

Aber es gab natürlich auch Fisch, den die Insulaner selbst fingen. Heute reicht die Fischereiflotte Ostfrieslands bei Weitem nicht mehr aus, um die große Nachfrage der Gäste nach frischem Fisch zu befriedigen. Er wird zumeist in den großen Fischereihäfen von Bremerhaven und Cuxhaven eingekauft – und oft tiefgefroren geliefert. Das tut dem Geschmack nicht unbedingt Abbruch, da die Wirte den Fisch hervorragend zuzubereiten wissen.

KRABBEN? GRANAT!

Eine typische Spezialität sind die kleinen Krabben, die eigentlich Garnelen sind, in Ostfriesland jedoch nur Granat genannt werden. Sie sind teuer, aber

Klassisch: die ostfriesische Kartoffelsuppe (li.), vitaminreich: Sanddornfrüchte (re.)

köstlich – besonders, wenn man sie frisch gekocht und ungeschält direkt vom Krabbenkutter kauft und sie in etwas mühevoller Kleinarbeit selber „auspult". Die kleinen Krabben werden auch gern in Verbindung mit anderen Zutaten serviert: als Krabbenomelett, mit Schweinesteaks oder Spiegelei. Ihre großen Brüder, die Scampi, sind zwar auch häufig auf Speisekarten zu finden, stammen jedoch meist aus Zuchtbetrieben in Asien oder Südamerika.

BEWUSST GENIESSEN

In Läden bekommt man „frischen Granat" auch geschält, dann ist er aber oft weit gereist: Die meisten Krabben Ostfrieslands werden aus Kostengründen zum Schälen extra nach Polen oder Nordafrika gebracht, bevor sie, zurück in ihrer ostfriesischen Heimat, munden sollen. Miesmuscheln stammen zumeist von Muschelbänken im niedersächsischen und holländischen Wattenmeer. Sie schmecken lecker – aber Miesmuscheln sind auf der Roten Liste der gefährdeten Tierarten in Deutschland sogar als stark gefährdet eingestuft. Aus diesem Grund raten der WWF und die Verbraucherzentrale des Landes Bremen von ihrem Genuss ebenso ab wie vom Verzehr von Rotbarsch, Schillerlocken, Haisteaks und der so beliebten Scholle. Insbesondere Baby- und Maischollen sollten gemieden werden, um ihnen Zeit zu lassen, zu voller Größe heranzuwachsen.

PINKEL MUSS SEIN

Ohne Umweltbedenken kann man dagegen ein Gericht genießen, das im Winter vor allem auf Wangerooge auf den Tisch kommt, einer Insel, die historisch gesehen zum Oldenburger Land gehörte. Hier serviert man Oldenburger Grünkohl. Dazu gibt es meist Kartoffeln und eine grobkörnige

Grützwurst, die den gewöhnungsbedürftigen Namen „Pinkel" trägt. Empfehlenswert ist daneben der Milchreis, der zu einem gut sättigenden Nationalgericht geworden ist. Mit Früchten und Beeren verfeinert kann

Willkommen in der Spiekerooger Teestube!

er jedes andere Hauptgericht ersetzen. Aus Beeren wird auch eine typische Nachspeise bereitet: die rote Grütze, die mit frischer Sahne oder Vanillesauce am besten schmeckt. Die regionaltypische Beere ist die des Sanddorns. Sie wird ebenso zum Aromatisieren von Tee, Honig und Zucker genutzt wie zur Herstellung von Bonbons, Likör und Schnaps, Marmeladen und Gelees. Und in jedem Inselcafé wird Sanddorntorte angeboten.

UND WAS IST MIT TEE?

Auf der Getränkekarte steht in den Cafés und Teestuben das ostfriesische Nationalgetränk, der Tee, obenan. Die Ostfriesen haben das Teetrinken zwar nicht erfunden, aber besonders kultiviert. Über die norddeutschen Häfen wurde früher Tee für viele Länder Europas importiert; deswegen wird er hier bis heute viel mehr konsumiert als im Süden Deutschlands.

INSIDER-TIPP
Das Teetrinken zelebrieren

Bei der ostfriesischen Mischung dominieren kräftige Assamsorten. Noch wichtiger als die Blätter selbst sind jedoch die Zubereitung und die Trinkzeremonie. Zunächst einmal wird die Kanne mit heißem Wasser ausgespült. Dann werden die Teeblätter mit sprudelnd kochendem Wasser übergossen. Drei Minuten lang muss der Tee ziehen, dann hält ein Stövchen die Kanne und den Inhalt warm. In die dünnwandige Porzellantasse kommen zunächst mehrere Stück Kandiszucker, Kluntjes genannt. Wenn der heiße Tee darüber gegossen wird, knistern sie herrlich. Dann hebt man mit einem zierlichen Löffel vorsichtig frische Sahne in die Tasse, rührt aber nicht um. Die Sahne soll wie eine Wolke im Tee zergehen.

GUTE GRÜNDE FÜR GROG

Das raue Nordseeklima lieferte Küsten- und Inselbewohnern schon immer einen guten Grund, auch Hochprozentigem zuzusprechen. Beliebt sind auch – besonders natürlich an kühlen Tagen – alkoholische Heißgetränke wie Sanddorngrog, Pharisäer (Kaffee mit Rum) oder Eiergrog: Rumgrog mit einem geschlagenen Eigelb. Wohl bekomm's!

Unsere Empfehlung heute

Vorspeisen

OSTFRIESISCHE KARTOFFELSUPPE
Kartoffelsuppe mit Speck und viel Granat

GRANAT
Kleine Nordseekrabben, noch an Bord des Kutters gekocht

Snack

PANTJESTIPP
Dip zu Pellkartoffeln: Speck und Zwiebeln gebräunt in einer Mehlschwitze und mit Milch abgelöscht

Hauptgerichte

KOHL UND PINKEL
Grünkohl mit durchwachsenem Speck, Kassler, Mettwürsten und Pinkelwurst aus Hafergrütze, Zwiebeln und ausgelassenem Bauchspeck

LABSKAUS
Pökelfleisch oder Corned Beef, vermischt mit gestampften Kartoffeln, dazu Matjes, Gewürzgurke, Spiegelei und Rote Bete

RAUH BRADEN TUFFELS
Bratkartoffeln aus rohen Kartoffeln mit Speck, Zwiebeln und Granat

SCHOLLE FINKENWERDER ART
Gebratene Scholle mit Speckwürfeln

SPECKENDICKEN
Pfannkuchen aus Weizen- und Roggenmehl mit Zuckerrübensirup, Schinkenspeck und Mettwurst

STECKRÜBENEINTOPF
Steckrüben mit selbst gemachtem Kartoffelpüree und extra viel Lamm- oder Rindfleisch

UPDRÖGT BOHNEN
Bohnen, gekocht mit viel durchwachsenem Speck und Mettwürstchen

Desserts

OSTFRIESENTORTE
Biskuittorte mit Schlagsahne und in Rum eingelegten Rosinen

Getränke

EIERGROG
Rumgrog mit einem geschlagenen Eigelb

OSTFRIESENTEE
Originalgetreu mit Kluntjes und Sahnewolke

SHOPPEN & STÖBERN

Auf Norderney und Borkum laden zahlreiche Boutiquen, die alle angesagten Labels führen, zum edleren Shoppen ein. Baltrum schont in dieser Hinsicht die Urlaubskasse. Auf den übrigen vier Inseln locken vor allem Künstler und Kunsthandwerker mit ihren selbst geschaffenen Werken und Produkten.

MEERESGOLD

Bernstein wird nicht nur an der Ostsee gefunden, sondern – allerdings weitaus seltener – auch an der Nordsee. Genau hinschauen lohnt sich: Während und nach anhaltenden Ostwinden findet man das fossile „Gold des Meeres" vielleicht sogar selbst im dunklen Streifen des Braunkohlengrus am Spülsaum der Brandung. Wenn nicht, bieten fast alle Schmuckgeschäfte der Inseln auch Bernsteinschmuck an.

FÜR DEN TEINT

Meerwasser, Meersalz und Meeresalgen bilden die Grundlage für die *Biomaris*-Kosmetika *(biomaris.com)* vom Lippenstift bis zur Anti-Aging-Cream. Sie können in Biomaris-Shops auf allen sieben Inseln erworben werden.

LECKEREIEN

Sanddornprodukte gehören zu den typischen Souvenirs, ob als Bonbons, Marmeladen oder Likör. Inzwischen deutschlandweit bekannt ist der Norderneyer Schinken. Die Schweine wachsen zwar auf dem Festland auf, die Schinken aber werden in der salzigen Nordseeluft getrocknet.

KREATIVITÄT ZUM MITNEHMEN

Mit Anselm Prester auf Langeoog und Monika Ploghöft auf Wangerooge arbeiten überregional bekannte Künstler auf den Inseln. Man kann ihre Werke direkt in ihren Ateliers erstehen.

Passen noch in den Koffer: Kaffeepott mit Inselfrüchten (li.) und Ostfriesentee (re.)

GUT GEKLEIDET

Wer die Trends namhafter Labels und viele andere mehr sucht, kann einen ganzen Tag auf Norderney in der Post-, Friedrich- und Strandstraße verbringen. Im Umkreis von 300 m erhält man hier ein Sortiment, wie es sonst wohl nur Großstädte zu bieten haben. Groß ist auf fast allen Inseln auch das Angebot an wetterfester Kleidung und Outdoorbedarf für kühle und regnerische Tage sowie an maritimen Modelabels.

HOCHPROZENTIGES

Phantasievoll sind die Namen für die zahllosen Schnäpse und Liköre von der Küste. Das Angebot reicht vom Watt'n Geist (Weizenkorn) und Wattenläuper (Kräuter) zum Moorfeuer (Halbbitterlikör), von Nordseegeist (Genever mit Kräutern und Früchten) und Küstennebel (Sternanis) bis zum Ostfriesischen Teelikör. Eine Besonderheit ist der Friesengeist, den man brennend heiß auf einem Zinnlöffel servieren sollte.

FÜR DEN ALLTAGSBEDARF

Wer in der Ferienwohnung Urlaub macht, findet auf allen Inseln Lebensmittelgeschäfte. Bekannte Discounter gibt es allerdings nur auf Norderney und Borkum.

GANZ WICHTIG: TEE!

Wer einmal das Teetrinken in einer ostfriesischen Teestube zelebriert hat, wird auch zu Hause gern ab und zu die Teebeutel in ihrer Verpackung lassen und auf losen Ostfriesentee zurückgreifen. Für den wahren Teegenuss findet sich in Läden auf allen Inseln das, was dazu nötig ist: die Kluntjes (also den Kandiszucker), der Sahnelöffel, das Stövchen zum Warmhalten und das feine Teeservice aus hauchdünnem Porzellan.

SPORT

Aktiv sein im Urlaub? Das gehört für viele Menschen längst zum festen Programm; natürlich auch auf den Ostfriesischen Inseln. Wer sich von niedrigen Wassertemperaturen, Gezeiten, Wind und Wellen nicht abschrecken lässt, sollte die Surf- und Segelreviere der Inseln erkunden.

Aber auch an Land gibt es ein überraschend großes Freizeitangebot, darunter Wattwandern, Strandgymnastik, Beachbuggy- oder Fahrradfahren, Golfen, Tennisspielen und auch zahlreiche Kreativkurse.

ANGELN

In den Küstengewässern darf jeder ohne besondere Genehmigung die Angel auswerfen. Die beste Angelzeit fällt in die Zeit des auflaufenden Wassers. Auf allen Inseln werden Fahrten zum Dorsch- und Makrelenfang angeboten. Häufig können Urlauber auch für ein bis zwei Stunden zum Krabbenfang mitfahren und können dabei meist noch einen Blick auf die Seehundbänke werfen.

GOLF

Der schön inmitten der Dünen gelegene ★ *9-Loch-Golfplatz von Norderney* gilt als einziger typischer Links-Course Deutschlands mit schwierig zu spielenden Grüns. Mehrmals jährlich werden Gästeturniere veranstaltet (Clubausweis nicht vergessen!). *Golfclub Norderney e. V. | Greenfee 60 Euro, im Winter günstiger | Am Golfplatz 2 | Tel. 04932 92 71 56 | gc-norderney.de*

Auch auf Langeoog gibt es einen Golfclub. Schön liegt der normgerechte 9-Loch-Platz unmittelbar parallel zur Landebahn des Sportflugplatzes in renaturierter Landschaft. *Golfclub Insel Langeoog e. V. | Greenfee 70 Euro (18 Loch), 43 Euro (9 Loch) | Flughafenstr. 2 | Tel. 04972 99 02 46 | inselgolfen.de*

Aller Anfang ist schwer: Windsurfschule auf Borkum

KAJAK & SUP

Wenn man schon von Wasser umgeben ist, sollte man sportliche Aktivitäten auch mit diesem Element in Verbindung bringen. Daher: rein ins Kajak, rauf aufs SUP-Board. Vermietung u. a. auf Baltrum am Strandübergang westlich des Kurzentrums *(Uwe Wietjes | Tel. 0176 70 42 17 03 | kajak-baltrum.de)* und auf Norderney am Yachthafen *(Am Hafen 17 | Tel. 04932 6 48 | surfschule-norderney.de)*.

KITEBUGGY & STRANDSEGELN

Trotz aller gewünschten Entschleunigung darf es zwischendurch auch mal etwas flotter zugehen. Da bietet sich beispielsweise ein Ausflug im Beachbuggy an. Die dreirädrigen Gefährte, auf denen man sich in rasendem Tempo von einem Lenkdrachen über den festen Strand ziehen lassen kann, werden auf Borkum vermietet. Mit seinem kilometerlangen Strand ist die Insel eines der herausragendsten Kitebuggyreviere Deutschlands mit super Bedingungen für Anfänger wie Profis.

INSIDER-TIPP
Rasant am Strand

Genauso viel Spaß macht hier, teils aber auch auf Juist, Norderney und Langeoog das Strandsegeln, bei dem ein fest mit dem dreirädrigen Flitzer verbundenes Segel den Antrieb übernimmt – ein schöner Sport besonders für die Zeit von Oktober bis Mai, wenn die Strände leerer sind.

Zum Ausprobieren und Lernen gibt es Kurse für den Kitebuggy wie fürs Strandsegeln, z. B. in Borkum von *World of Wind (Nordstrand | worldofwind.de)*.

KITEN, SEGELN & SURFEN

Auf allen Inseln bieten Wassersportschulen verschiedene Kurse an. Weit verbreitet sind Segeln, Windsurfen und Kiten, z. T. sind auch Stand-

Morgendlicher Ausritt am einsamen Strand – ein wunderschönes Erlebnis

up-Paddeln und Wellenreiten im Programm. Ein 90-minütiger SUP-Schnupperkurs kostet z.B. auf Wangerooge 45 Euro. Aufgepasst: An einigen Stränden sind Surfen und Kiten verboten. Eine Auswahl an Schulen:

Borkum: *World of Wind (Nordstrand | worldofwind.de)*

Juist: *Wassersportschule Juist (Am Yachthafen | Tel. 01516 1857238 | wassersportschule-juist.de)*

Norderney: *Segelschule Norderney (Am Hafen 17 | Tel. 017576 63737 | segel-schule-norderney.de); Happy Surf (Am Hafen 17 | Tel. 04932 648 | surfschule-norderney.de)*

Baltrum: *Kite- und Surfschule Mammen (Haus Wattenblick 192 | Tel. 04939 433 | surfschule-baltrum.de); Surferhus (Westdorf 194 | Tel. 04939 333 | kiteschule-baltrum.de)*

Langeoog: *Tidens Surfhuus (Tel. 01609 9892384 | tidens-surfhuus.de)*

Spiekeroog: *Segelschule Klasing (Westend 10 | Tel. 04976 680 | spiekerooger-segelschule.de)*

Wangerooge: *Surfschule Wangerooge (Untere Strandpromenade West | Tel. 04469 942222 | windsurfingwangerooge.de)*

RADFAHREN

Fahrräder können auf allen Inseln außer auf Baltrum und Spiekeroog gemietet werden. Auch Lastenräder, Mountainbikes, E-Bikes und allerlei andere Spezialräder werden angeboten. Die Preise variieren stark. Für ein E-Bike sollte man um 25 Euro pro Tag einplanen, für ein elektrisches Lastenrad, in dem ein bis zwei Kinder mitfahren können, etwa 30 Euro. Der Akku-Antrieb kann besonders bei steifer Brise sehr komfortabel sein.

REITEN

Reiten kann man auf allen Inseln; auch Reitunterricht wird überall angeboten. Auf Borkum z. B. kostet ein 45-minütiger Ausritt 35 Euro, ein zweistündiger Galoppausritt 80 Euro. Auf Islandpferde hat sich der *Islandhof (Up de Höcht 5 | Tel. 04976 2 19 | islandhof-spiekeroog.de)* auf Spiekeroog spezialisiert, auf dem man auch wohnen kann. Täglich werden Ausritte in kleinen Gruppen unternommen; Abendritte beinhalten Wein- und Käsepicknick am Strand.

STRANDGYMNASTIK

In der Gruppe sportlich sein ganz ohne Geräte bei freiem Blick auf die Nordsee und mit dem Sand unter den Füßen: Auch das ist auf vielen ostfriesischen Inseln möglich. Die Thalassogymnastik auf Juist oder die Strandgymnastik auf Borkum zählt für viele Urlauber zum festen Inselprogramm. Übrigens: Selbst bei Schietwetter wird hier häufig zum Mitmachen eingeladen. Auf Baltrum wird die sportliche Betätigung sogar mit gemeinsamem Singen gekrönt.

TENNIS

Tennisplätze gibt es auf allen Inseln, Tennishallen fehlen nur auf Baltrum und Spiekeroog. Auf Spiekeroog gibt es für die Jüngeren einen Kids-Kurs, die allgemeine Platzmiete beträgt in der Saison 20 Euro pro Stunde. Für eine Trainerstunde Einzelunterricht zahlt man auf Juist rund 50 Euro. Auf allen Inseln werden Gästeturniere veranstaltet, so auf Baltrum alljährlich im Juli oder August. *Informationen bei Kurverwaltungen und Verkehrsvereinen*

WANDERN & WATTWANDERN

Barfuß durch den Schlick: Diese Erfahrung gehört zum Inselbesuch fast zwingend dazu. Es ist nicht nur gesund, sondern macht auch Spaß. Dabei gilt es allerdings, einiges zu beachten. Wattwanderungen mit amtlich zugelassenen Führern werden während des Sommerhalbjahrs auf allen Ostfriesischen Inseln angeboten. Das Watt ohne Führer zu durchqueren ist aus Gründen des Naturschutzes verboten und für Unerfahrene lebensgefährlich; Rettungsaktionen von in Not geratenen Touristen sind aufwendig, gefährlich und kostspielig. Die Wattführer geben naturkundliche Erklärungen und wissen so manche *Döntjes* (unterhaltsame Geschichten) zu erzählen. Es gibt auch spezielle Wattführungen für Familien mit kleinen Kindern.

Über alle Inseln führen zudem zahlreiche ausgeschilderte Wanderwege. Auf Borkum steht beispielsweise ein Wegenetz von über 120 km Länge zur Verfügung. Während der Saison finden auch geführte Wanderungen statt.

Nordic Walking ist vor allem auf Borkum, Langeoog und Norderney ein Thema. Dort gibt es nicht nur mehrere ausgeschilderte Walks, sondern auch Unterricht und Stockverleih.

DIE REGIONEN IM ÜBERBLICK

LANGEOOG S. 84
Dünen, Wäldchen und die größte Silbermöwenkolonie weit und breit
SPIEKEROOG S. 96
Ruhiger, grüner und ursprünglicher geht es nicht
Wangerooge
Langeoog
Spiekeroog
WANGEROOGE S. 106
Baltrum
Weser
Vor dem Strand ziehen Luxusliner und Containerriesen vorbei
Jade
BALTRUM S. 76
Das Meer ist auf der kleinsten aller Inseln nie weit weg
Jadebusen
Ems-Jade-Kanal
Jade
DEUTSCHLAND
Ems

BORKUM

TRUBELIG UND EINSAM ZUGLEICH

Borkum *(🕮 A-C5-6)* **liegt weiter vom Festland entfernt als alle anderen Ostfriesischen Inseln. Die Überfahrt mit der Autofähre von Emden dauert etwa 135 Minuten, mit dem schnelleren Katamaran ist man eine Stunde unterwegs, und vom niederländischen Eemshaven sind es 50 Minuten.**

Vom Hafen führen eine Straße und die Inselbahn ins Zentrum des Städtchens, das glücklicherweise weitgehend autofrei ist. Die gut 5300 Insulaner betrachten Autos als „fahrbare Koffer", die wenig be-

Kunterbunte Alternative zum Strandkorb: das Strandzelt

wegt werden sollten. Die meisten der mehr als 18 000 Gästebetten befinden sich im ziemlich ausgeuferten Hauptort, der im Gegensatz zum Rivalen Norderney eher kleinstädtisch wirkt. Dafür kann man hier – anders als auf Norderney – vor dem gesamten Ortsbereich baden, und obendrein gibt es mit preiswerteren Strandzelten eine Alternative zu den auf den anderen Inseln üblichen Strandkörben. Romantiker zieht es vor allem ins Ostland, ein winziges Dorf, in dem die letzten beiden Inselbauern ihre Höfe haben.

BORKUM

MARCO POLO HIGHLIGHTS

★ **HEIMATMUSEUM DYKHUS**
Beeindruckendes aus der Vergangenheit der Insel in einem alten Bauernhaus ➤ S. 45

★ **NATIONALPARK-SCHIFF BORKUMRIFF**
Erfahren, wie hart das Berufsleben bei Wind und Wetter sein konnte ➤ S. 44

★ **WATERDELLE**
Hier haben viele Pflanzen ein Namensschild ➤ S. 46

★ **FKK-STRAND & STRANDSAUNA**
Nackt in den Dünen schwitzen ➤ S. 48

★ **GEZEITENLAND**
Wellenreiten und Wellness ➤ S. 49

NORDSEE
FKK-Strand & Strandsauna
10 Tüskendörsee
Borkum
7 km, 15 Min.
Inselbahn 1
Nationalpark-Schiff Borkumriff 2
750 m
820 yd

Schmalspurbahn mit kurzer Strecke – nur drei Stationen liegen auf dem Weg

ZIELE AUF BORKUM

1 INSELBAHN

Zwischen Fährhafen und Stadtzentrum verkehrt schon seit 1888 eine Inselbahn, die *Borkumer Kleinbahn,* die für die durchgehend zweigleisig ausgebaute Strecke 17 Minuten benötigt. Für militärische Zwecke wurde das Schienennetz ab 1902 ständig erweitert und erreichte im Zweiten Weltkrieg eine Länge von 45 km; nach Kriegsende mussten alle Schienen bis auf die vom Hafen zum Ort Borkum abgebaut werden. Im Linienverkehr werden die schicken Nostalgiewaggons von Dieselloks gezogen, die mit Rapsöl betrieben werden; oft gibt es Sonderfahrten mit historischer Dampflok oder einem Triebwagen von 1940. *borkumer-kleinbahn.de* | *b–f 5–6*

2 NATIONALPARK-SCHIFF BORKUMRIFF ★

Das 53 m lange, mit einem Leuchtfeuer ausgestattete Schiff diente 1956–88 in der Emsmündung als Seezeichen, bevor alle Feuerschiffe durch Leuchttürme oder automatische Leuchttonnen ersetzt wurden. Gäste können die „Borkumriff" samt Maschinenraum und Brücke besichtigen. Außerdem erzählen Schautafeln von der Natur auf und vor Borkum. *Führungen auf Anfrage* | *Eintritt ohne Führung*

4 Euro | Am Neuen Hafen | feuerschiff-borkumriff.de | C6

3 GREUNE STEE

Die „Grüne Stelle" ist Borkums größtes Wäldchen. Es breitet sich über sandige Dünen und sumpfige Mulden aus und ist mit Heidepflanzen durchsetzt. Mehrere Wege führen durch den Mischwald, den Botaniker seiner Baumformen wegen auch als Krüppelwald bezeichnen. Hier wachsen Kiefern, Birken und Schwarzerlen in einer sumpfigen Mulde, die um 1815 durch einen Meereseinbruch entstand. Darin laichen Lurche und Kreuzkröten, brüten Korn- und Rohrweihen. *e–f6*

4 HEIMATMUSEUM DYKHUS ★

Es war ein blutiges und entbehrungsreiches Geschäft, dem die Borkumer nachgingen, aber auch ein angesehenes: Rund 150 Jahre lang bis zum Beginn des 19. Jhs. war der Walfang in arktischen Gewässern die Haupteinnahmequelle der Insel. Das Museum erzählt die Geschichte in einprägsamen Anekdoten. Etwa die, dass die Walfänger goldene Ohrringe trugen – in der Hoffnung, dass man ihnen in der Fremde dafür notfalls ein Begräbnis bereiten würde. Zweifellos das eindrucksvollste Ausstellungsstück ist aber das 15 m lange Skelett eines Pottwals. *Saisonabhängige Öffnungszeiten | Führung nach Anmeldung | Eintritt 6 Euro | Roelof-Gerritz-Meyer-Straße, am Alten Leuchtturm | heimatverein-borkum.de | c4*

INSIDER-TIPP
Auge in Auge mit einem Riesen

5 ALTER LEUCHTTURM

Der 1576 durch die Emder Kaufmannschaft finanzierte Leuchtturm dient den Schiffern in Verbindung mit Baken und dem Neuen Leuchtturm noch immer als Peilmarke. Am Fuß des Leuchtturms sind einige geschichtenreiche Grabsteine aus der Walfängerzeit erhalten. Besichtigungen sind aufgrund von Umbauarbeiten bis auf Weiteres nicht möglich. *Kirchstraße | heimatverein-borkum.de | c3*

6 WALFISCHZAUN

Der schönste noch erhaltene Zaun aus den teilweise 2 m hohen Kieferknochen von Walen säumt die Kirchstraße am Pfarrhaus. Hier stand im 18. Jh. das Haus des erfolgreichen Walfangkommandeurs Roelof Gerritz Meyer (1710–97), der in den 44 Jahren, die er zur See fuhr, rund 270 Wale fing. *Frei zugänglich | c3*

7 NEUER LEUCHTTURM

Neu ist relativ: Der 60 m hohe Turm steht schon seit 1879 im Westen der Insel. Die 308 Stufen bis zur Aussichtsplattform zahlen sich aus: Einmalig ist der Blick über die Insel. *Saisonabhängige Öffnungszeiten | Eintritt 3,50 Euro | Strandstraße | b3*

INSIDER-TIPP
Kraxeln mit Belohnung

8 SEEHUNDSBANK HOHES RIFF

Die sandige Seehundsbank unmittelbar vor dem Nordbad ist bei Ebbe mit dem Nordstrand verbunden. Auf ihr tummeln sich Hunderte von Kegelrobben, den größeren Verwandten des Seehunds. Man kann bis zum Zaun wandern, der die Tiere vor zu neugierigen Besuchern schützt. Unbedingt Fernglas mitnehmen! A5

9 WATERDELLE ★

Bis weit in den Frühsommer hinein steht die „Wassermulde" teils unter Wasser. Sie war Teil des Meeresdurchbruchs, der Borkum bis 1864 in zwei Teile trennte. Du wandelst hindurch wie durch ein verwunschenes Wäldchen mit vielen verschiedenen Pflanzen. Diese werden durch zahlreiche Tafeln an einem Naturlehrpfad, der an der Straße zum Ostland zwischen Ort und Flugplatz beginnt, benannt und erklärt. f1

10 TÜSKENDÖRSEE

Der See steht unter Naturschutz. Er entstand erst im 20. Jh. durch Sandentnahme für die Deicherhöhung und liegt auf dem Tüskendörheller, der bis zum Deichbau 1864 öfter überflutet wurde und dann die Insel in zwei Abschnitte teilte. So erklärt sich auch der Name: *Tüskendör* bedeutet auf Platt „zwischendurch". Mit dem Feldstecher kannst du die Vogelwelt beobachten, ohne zu stören. B5

ESSEN & TRINKEN

ALT BORKUM

Modernes, sehr kinderfreundliches Restaurant nahe dem Alten Leuchtturm, viele Gerichte in zwei Portionsgrößen. Exzellente Dry-Aged-Steaks, Schwein und Geflügel von ausgewählten Züchtern. *Roelof-Gerritz-Meyer-Str. 10 | Tel. 04922 2005 | restaurant-altborkum.de | €€ | c3*

OMA'S BORKUMER TEESTÜBCHEN

Hier geht es ostfriesisch-gemütlich zu: Teekultur mit selbst gebackenem Kuchen und leckeren Windbeuteln. *Bahnhofspfad 3 | Tel. 04922 990162 | omas-teestuebchen.de | € | b3–4*

HEIMLICHE LIEBE

Maritim eingerichtetes Café und Restaurant in einzigartiger Lage am Nordrand des Südstrands, Panoramablick, ideal zum Sonnenuntergang. *Süderstr. 91 | Tel. 04922 873 90 99 | heimliche-liebe-borkum.de | €€ | b6*

UPHOLM-HOF

Das Restaurant liegt auf zwei Ebenen in einer ehemaligen Scheune; draußen locken ein Biergarten mit Grillhütte und ein Spielplatz für die Kinder. Gelegentlich Livemusik. *Upholmstr. 45 | Tel. 04922 4176 | upholm-hof.de | €€ | e2–3*

DÜNE 2

Café und Abendrestaurant mit weitem Blick über Dünen und Flugplatz. *Ostfriesenstr. 110 | Tel. 04922 939829 | €€ | B5*

BAUERNSTUBEN

Café und Restaurant mit gutbürgerlicher Küche und schönem Kaffeegarten. Esel, Pferde und Ponys zum Streicheln sowie ein Spielplatz sind gleich nebenan. *Mi geschl. | Ostland*

Wer mit reichlich Aussicht essen will, geht ins Restaurant Heimliche Liebe

3 | Tel. 04922 35 04 | hauptsachen.de | €€ | B5

SHOPPEN

ATELIER AM MEER

Die Galerie mit Werken norddeutscher Künstler und der Inhaberin Nicole Wenning befindet sich im südlichen Teil der Wandelhalle. Auch Malkurse für Erwachsene und Kinder. *Kurhalle am Meer | Jann-Berghaus-Str. 1 |* a3

TWINKLE

Beate Ukena bietet hier Schmuckstücke aus Borkum an. *Franz-Habich-Str. 20 |* b4

EILANDSTYLE

Street- und Urbanwear mit Ökotouch: Denims aus fairem Handel, Shirts aus Biobaumwolle, mit deren Kauf man auch soziale Projekte in indischen Textilfabriken fördert. *Westerstraße 17 |* b4

KNOBELKISTE

INSIDER-TIPP
Ganz verspielt

Eine Riesenauswahl an Spielen für Alt und Jung wird hier nicht nur verkauft, sondern auch kundig erklärt und sogar zum Ausprobieren ausgeliehen. *Franz-Habich-Str. 21 |* b4

LEBAS & UNSCHEINBAR

Gar nicht unscheinbar: Schicke Mode, trendige Wohnaccessoires, exklusive Schuhe, Uhren und Sonnenbrillen, die nicht jeder trägt. *Franz-Habich-Str. 13 |* b4

TEE-PARADIES EBNER

Zum ostfriesischen Teeservice gibt es auch über 200 Teesorten zur Auswahl; viele davon können im Laden verkos-

Urig ist's, wenn man als DLRG-Rettungsschwimmer so eine Beobachtungsstation hat

tet werden. Besonders originell ist der Borkumer Piratentee mit Orangen- und Rumaroma. Außerdem im Angebot: zahlreiche Sanddornprodukte. *Strandstr. 21* | *b3*

SPORT & SPASS

BEACHVOLLEYBALL

Felder stehen allen Interessierten am Nord- und Südbad zur Verfügung. Während der Sommerferien bieten Animateure dort auch Kurse an. An Juli- und Augustwochenenden finden Turniere statt, an denen bis zu 80 Teams teilnehmen. *nvv-beach.de*

HOCHSEILGARTEN

Der Kletterpark nahe dem Meer fordert mit über 60 Stationen in 4–10 m Höhe zum Balancieren und Kraxeln auf. Ausgebildete Sicherheitstrainer sorgen für gefahrlosen Spaß schon ab sechs Jahren. *Goethestr. 25 (neben Kulturinsel)* | *Tel. 0176 20519753* | *nordseekletterpark.de* | *b4*

STRÄNDE

Gleich vier bewachte Strände gibt es auf Borkum. Das *Nordbad* ist eine Einladung an die ganze Familie, das nicht so überlaufene *Südbad* lockt zudem mit einem separaten *Hundestrand*. Das *Jugendbad* richtet sich an jüngere Gäste und kommt ohne Strandkörbe aus.

FKK-STRAND & STRANDSAUNA ★

Einzigartig: Hier könnt ihr nicht nur am Strand, sondern auch in Teilen der Dünen liegen und von der finnischen Strandsauna aus in die Nordsee tauchen. *Sauna Mai–Sept. tgl. 12–17 Uhr* | *strandsauna-borkum.de* | *b5*

WELLNESS

GEZEITENLAND ★

Flowriden à la Hawai'i! Spaß und Wellness drinnen und draußen samt Panoramasauna. Für Wellness zu zweit steht ein *Private Spa* zur Verfügung. *Saisonabhängige Öffnungszeiten | Goethestr. 27 | Tel. 04922 93 36 00 | borkum.de/gezeitenland* | a4

AUSGEHEN & FEIERN

RIA'S BEACH

INSIDER-TIPP
Sundowner unter Palmen

An der Bürgermeister-Kieviet-Promenade kriegt man schöne Fernwehfotos wie auf Barbados hin: abends unter den künstlichen Palmen von Ria's Beach. Also Cocktail bestellen, Sonnenbrille ins Haar schieben und Kameralächeln anknipsen! Dazu gibt's Fingerfood, Pasta, Burger, Salate, Schnitzel und Steaks. *Bürgermeister-Kieviet-Promenade | Tel. 04922 9 23 70 33 | nattund droeg.de/rias | €–€€* | a3

KULTURINSEL

Konzerte, Ausstellungen, Lesungen und Theater, zudem gibt's ein Inselkino und die Inselbücherei. *Goethestr. 25 | Tel. 04922 93 37 10, Kinoprogramm Tel. 04922 9 24 92 11* | a4

LORD NELSON

Wenn andere längst geschlossen haben, lässt es sich hier immer noch gemütlich zusammensitzen. Live-Übertragung von Spielen der Fußballbundesliga gehören auch zum Angebot. *Bismarckstr. 28* | b4

SEEKISTE

Urige Raucherkneipe mit moderaten Preisen, ideal für ein gemütliches Feierabendbier. Auch tagsüber ab 10 Uhr geöffnet. *Bismarckstr. 3* | b4

RUND UM BORKUM

GRONINGEN

42 km/2,5 Std. mit Bahn und Fähre von Borkumer Bahnhof

Die lebendige Stadt ist ideal für einen Tagesausflug in die Niederlande (Ausweis mitnehmen!). *Ende März–Okt. Mo–Sa ab Bahnhof Borkum* | 0

SCHÖNER SCHLAFEN AUF BORKUM

BEI NACHT AUF DEM POSTEN

Heute ist im Turmzimmer der alten *Signalstelle (8 Apts.| Süderstr. 68 | Tel. 04922 5 11 | signalstelle.de | €€| b5)* Matratzenhorchdienst angesagt. Wenn man denn angesichts des 360-Grad-Blicks in der spektakulärsten Unterkunft der Insel zum Schlafen kommt.

AB IN DEN WOHNWAGEN

Voll ausgestattete Mietwohnwagen stehen auf dem vielfach ausgezeichneten Campingplatz *Insel-Camping (Hindenburgstr. 114 | Tel. 04922 10 88 | insel-camping-borkum.de | € | d2)* bereit. Günstiger als viele Hotels, bequemer als ein Zelt.

JUIST

LANG, SCHMAL & KLIMABEWUSST

Juist *(📖 D–G 3–4)* **steckt voller Besonderheiten, schon bei der Anreise: Das Schiff fährt zunächst dicht an die Ostspitze der Insel heran, entfernt sich wieder und beschreibt 45 Minuten lang einen Bogen zur Hafeneinfahrt. Vom Hafen sind es dann nur wenige Schritte bis ins Hauptdorf, denn Juist ist zwar mit 17 km die längste aller Ostfriesischen Inseln, aber im Schnitt nur 500 m breit.**

An der wattseitigen Uferstraße in Richtung Westen befindet sich das zweite, viel beschaulichere Juister Dorf: Loog. Früher war es der

Sand- statt Meerwellen: Bei Ebbe ist der Weg zum Wasser weit

Hauptort der Insel, während die heutige „Metropole" Ostdorf hieß. Juist hat noch mehr Besonderheiten: Westlich des Loogs liegt der größte Süßwassersee der Inseln, und Tagestouristen sieht man wegen des Tidenfahrplans kaum. Autos? Fehlanzeige! Selbst Elektrofahrzeuge sind rar, Pferdekutschen erledigen alle Transportarbeiten. Zudem sind die Juister Vorreiter beim Klimaschutz: Die Insel soll bis 2030 klimaneutral werden. Ein Beispiel von vielen: Am fleischlosen Donnerstag stellen viele Restaurants Vegetarisches in den Vordergrund.

JUIST

1,3 km, 15 Min.
11 Küstenmuseum
12 Hammersee
Juist
13 Billriff
13 Bill
10 km, 30 Min.
Memmert
Nordland
500 m
547 yd

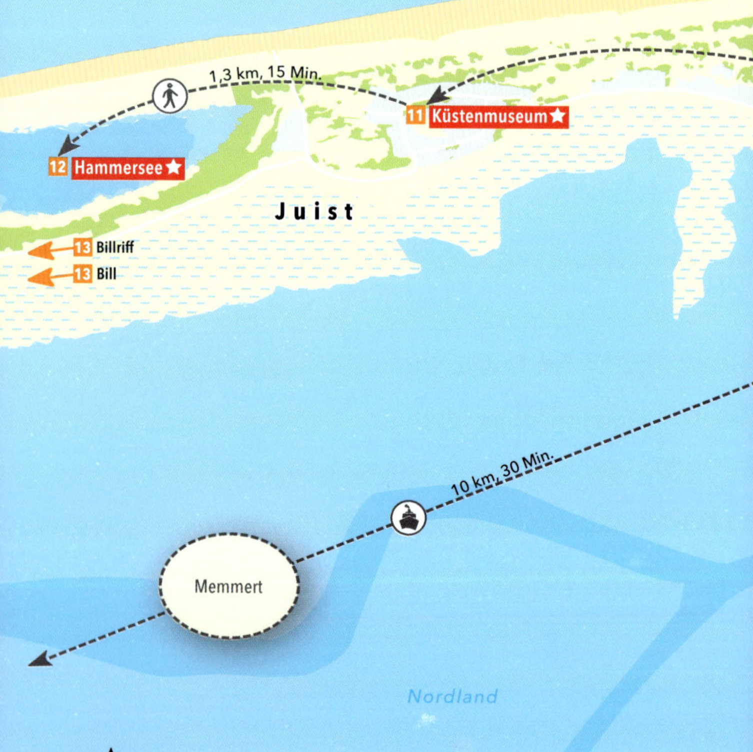

MARCO POLO HIGHLIGHTS

★ **HAMMERSEE**
Eine Wanderung rund um den größten Süßwassersee der Ostfriesischen Inseln ➤ S. 57

★ **KÜSTENMUSEUM**
Interessante Informationen über Natur, Inselgeschichte und Küstenschutz ➤ S. 57

★ **SEEBRÜCKE**
Die moderne Seebrücke holt den Golfstaat Dubai ans Wattenmeer ➤ S. 54

★ **SKULPTUREN**
Bildhauerkunst, die Spaß macht und auf diese Insel passt ➤ S. 55

Anders als auf den meisten Inseln liegt auf Juist das Hauptdorf in der Mitte statt im Westen der Insel, denn sie hat sich nicht nach Osten verlagert, da ihre natürliche Beschaffenheit sie vor starker Sandabtragung schützt. Deshalb kommt Juist als einzige der ostfriesischen Inseln ohne Buhnen aus.

ZIELE AUF JUIST

1 SEEBRÜCKE ★

Seit 2008 hat Juist ein Wahrzeichen der etwas anderen Art: eine 16,5 m hohe Konstruktion aus vier schweren Stahlstützen, die mit ihrem Holz- und Stahlbehang einem Segel nachempfunden ist. Unweigerlich erinnert der Anblick aber an das berühmte Hotel Burj al Arab im Golfstaat Dubai. Das begehbare Seezeichen steht am Ende der neuen, 335 m langen Seebrücke, die die stark erweiterte Marina von Juist umfasst. *Gegenüber dem Fähranleger* | *F3–4*

2 SIEBTER LÄNGENGRAD

Durch Juist verläuft der siebte Längengrad östlich von Greenwich. Auf der Seebrücke sowie auf der Strandpromenade neben dem Hotel Kurhaus ist er in Bronze markiert. *F3–4*

3 NATIONALPARKHAUS JUIST

Hauptattraktion der kleinen Ausstellung ist das 9 m lange und 280 kg schwere Skelett eines Zwergwals, der hier auf Juist angeschwemmt wurde. *Saisonabhängige Öffnungszeiten | Eintritt frei | im Alten Inselbahnhof | Am Kurplatz* | *F3*

4 MEMMERTFEUER

Juist besaß ursprünglich im Gegensatz zu seinen Nachbarinseln Borkum und Norderney keinen Leuchtturm. Umso stolzer ist man auf das Memmertfeuer, das 1992 zum ersten Mal im 13-Sekunden-Takt sein Licht erstrahlen ließ. Es ist allerdings keine nautische Notwendigkeit, sondern ein Museumsstück. Das Laternenhaus aus dem Jahr 1939 wurde 1986 vom stillgelegten Leuchtturm auf der Vogelschutzinsel Memmert demontiert, in Emden zwischengelagert und schließlich vom Juister Heimatverein erworben. Der Turm selbst ist ein Neubau, errichtet mit Spenden von Insulanern und Gästen. *Inselhafen* | *F3*

5 WASSERTURM

Da es auf Juist keinen Leuchtturm gibt, ist der fast 17 m hohe Wasserturm auf

Die Transportkarren stehen am Memmertfeuer bereit wie fürs Wagenrennen

den Dünen nahe dem Kurzentrum zu einer Art Symbol der Insel geworden. Er wurde 1927 gebaut, um den durch steigende Urlauberzahlen erhöhten Wasserbedarf decken zu können. Von den Einheimischen wird er gern als „Doornkaatbuddel" bezeichnet. Der Turm trägt in 30 m Höhe ein etwa 250 m³ fassendes Vorratsbecken, das die übrigen Reinwasserspeicher von Juist ergänzt und aus dem alle Haushalte der Insel mit Wasser versorgt werden. *Nur Außenbesichtigung möglich | Strandpromenade |* F3

6 SKULPTUREN ★

Vier kleine Skulpturen von Wolfgang Lamché zeigen Badegästen schon an der Strandstraße zwischen dem Hotel Pabst und dem Hotel Kurhaus, worauf sie sich freuen können: Erst steht ein Mann in Badehose auf dem Sand, Skulptur zwei und drei zeigen Stationen seines Wegs ins Wasser, und Skulptur vier lässt nur noch seinen Kopf aus dem Meer ragen.

Ebenso liebenswert ist die 2004 vor dem alten Warmbad *(Friesenstr. 18)* aufgestellte Bronzeplastik von Karl Ludwig Böke, die manchmal auch als „Venus von Juist" bezeichnet wird: Ein nacktes junges Mädchen hält unter Aufsicht einer alten Badefrau vorsichtig einen Fuß ins Meer und erinnert so an die Juister Badetradition. F3

7 KATHOLISCHE KIRCHE ZU DEN HL. SCHUTZENGELN

Vor allem die schönen Glasfenster machen den Besuch der katholischen Inselkirche lohnenswert. Die beiden Fenster in der Apsis stammen aus dem Jahr 1910 und zeigen links einen heiligen Schutzengel und rechts

Süß- statt Salzwasser: Ein Dünendurchbruch ließ den Hammersee entstehen

den Beschützer der Seeleute, den hl. Nikolaus. Die Kirche wurde 1910 geweiht und 1960/61 um ein Halbrund im Westen erweitert. Das Fresko an der linken Seitenwand der Apsis entstand in den 1920er-Jahren. Es zeigt den hl. Ludger als Verkünder des Christentums auf der Insel Bant. *Tagsüber geöffnet | Dünenstr. 16 | katholische-kirche-juist.de | F3*

8 EVANGELISCHE KIRCHE

Ein neuerer Bau mit historischem Kern: Das 1964 erbaute evangelische Gotteshaus besitzt eine Kanzel aus dem Jahr 1732, die aus einer heute nicht mehr erhaltenen Kirche im Loog stammt. Farbenfroh ist das Mosaik über dem Altar: Es zeigt Petri Fischzug und wurde von fleißigen Juister Schulkindern in zweijähriger Arbeit aus über 36 000 Glasstückchen gefertigt. *Tgl. 8–18 Uhr | Wilhelmstraße | F3*

INSIDER-TIPP
Junge Künstler

9 GOLDFISCHTEICH

Eine der reizvollsten Insellandschaften zum Spazierengehen in Ortsnähe ist der sogenannte Goldfischteich. Der künstliche Wasserlauf mit seinen winzigen Inselchen wurde 1903–04 von Naturenthusiasten angelegt und nach militärischer Nutzung im Zweiten Weltkrieg wiederhergestellt. Er ist von einem kleinen Wäldchen aus Pappeln, Birken, Sanddorn, Zwergkiefern und Holunder umgeben und lädt mit Bänken zur Rast ein: Beine ausstrecken und genießen! *F3*

10 KALFAMER

Die Straße in den Osten der Insel endet am Rand des Flugplatzes. Von dort aus geht es nur noch zu Fuß weiter. Schon nach wenigen Minuten gelangt man an einen Informationsstand der Nationalparkverwaltung am Rand des äußersten Ostendes der Insel, Kalfamer genannt. Aufgepasst: Der Kalfamer darf nur zwischen November und März und auch dann nur auf dem deutlich erkennbaren Weg betreten werden, der am Informationsstand beginnt und an einer Informationstafel an der Nordküste endet. Zwischen April und Oktober ist das Betreten nur im Rahmen von regelmäßig angebotenen Führungen erlaubt!

INSIDER-TIPP
Regeln für den Osten

Der Kalfamer ist nämlich ein Gebiet, in dem sich die Entstehung von Dünen hervorragend und vom Menschen noch weitgehend ungestört wissenschaftlich beobachten lässt. Hier brüten und rasten zahlreiche Vögel, u. a. die vom Aussterben bedrohten Zwergseeschwalben. Wer den Kalfamer zur Brutzeit betritt, gefährdet deren Existenz! *G3*

11 KÜSTENMUSEUM ★

In dem für Inselverhältnisse mit 500 m² Ausstellungsfläche relativ großen Museum werden die Inselgeschichte und ihre Natur, der Küstenschutz und das Rettungswesen anschaulich dokumentiert. Gute schriftliche Erklärungen geben einen Einblick in die Erdöl- und Erdgasbohrungen in der Nordsee.

In der *Friesenstube* lässt sich nachvollziehen, wie man im letzten Jahrhundert auf der Insel wohnte. Jährlich wechselnde Kunstausstellungen runden den Besuch ab. *Das beliebte Museum wird seit 2022 umfassend umgebaut, Besucher können sich online über die Neuerungen informieren | Loogster Pad 21 | kuestenmuseum-juist.de | 1 Std. | F3*

12 HAMMERSEE ★

Wanderern bietet der Hammersee, der größte Süßwassersee der Ostfriesischen Inseln, weite Ausblicke über eine wildromantische Landschaft. Ein wunderschöner Spaziergang führt auf einem schmalen, windungsreichen Pfad 3,5 km lang zwischen Kriechweiden, Sanddorn, Holunder und anderen kaum mannshohen Bäumen und Büschen hindurch um seine Ufer herum und erklimmt im Norden die halbe Höhe der Dünenkette.

Der See ist eingebettet in ein weites Tal zwischen bewegten Dünenkämmen, von dichten Röhrichtbeständen gesäumt und von üppigem Grün umgeben. Er ist 160 000 m² groß, 1,2 km lang, bis zu 130 m breit und 90 cm tief. Schon seit 1952 steht er unter Naturschutz und ist Rastplatz für viele Vögel wie Rallen, Haubentaucher, Enten und Laichgebiet der Kreuzkröte. Sein Name weist darauf hin, dass er die Fläche des ehemaligen *Hammrichs,* also der dörflichen Gemeindewiese, bedeckt. Bei der schweren Petriflut 1651 brach das Meer durch die Dünenkette und verwandelte den Hammrich in eine weite Sandfläche, die immer niedriger wurde. Um 1800 hatten sich dann auf dem Hammrich bis zum Wattenmeer reichende Rinnen gebildet, die sich bei jeder Springflut mit Salzwasser füllten. Das hatte

Folgen für die Insel: Das *Hammergat* war entstanden, das Juist zweiteilte.
1877 wurde dieses Hammergat durch einen Deichbau im Süden erstmals geschlossen. So bildete sich im Lauf der folgenden Jahrzehnte eine ausgedehnte Strandbucht, die bei Niedrigwasser durch einen Sandstreifen vom offenen Meer getrennt war. Diese Öffnung zur Nordsee hin wurde dann 1928–32 durch die Anlage eines 1,6 km langen Sanddamms geschlossen. In den 1940er-Jahren war das Wasser im Hammersee noch brackig; seitdem süßte der See völlig aus. Entlang des nördlichen und südlichen Deichs haben sich dichte Dünenketten gebildet.
Die Natur erobert die Landschaft neu, im Westen des Sees entsteht sogar ein Flachmoor: Moosglöckchen, Sumpfherzblatt, Kammfarn und Orchideen gedeihen dort. Gelebte Entschleunigung: Den Hammersee kann man nur zu Fuß umrunden. Fahrräder müssen im Loog oder an der Billstraße geparkt werden. Einmal wöchentlich finden Naturführungen statt, die am Küstenmuseum im Loog beginnen. *Auskunft im Nationalpark-Haus | Tel. 04935 15 95 |* *E3*

13 BILL & BILLRIFF

Bill und Billriff nehmen zusammen mit den Haakdünen den Westen der Insel ein. Vom Hammersee aus führt ein Wanderweg an einer Aussichtsdüne vorbei durch das Billwäldchen, das in den feuchten Dünentälern angepflanzt wurde. Es besteht weitgehend aus Faulbäumen, Moorbirken, Kriechweiden und Schwarzerlen. Der Weg führt an der Domäne Bill vorbei – einst Bauernhof, jetzt Gaststätte – und dann auf dem Deich auf einen Geräteschuppen zu, in dem früher ein Rettungsboot stationiert war. Links liegt der Heller, rechts der grünere Polder. Wo der Fahrweg endet, geht es am Südrand der Haakdünen entlang auf das Billriff zu, das am Spülsaum umrundet wird. Ein Augenschmaus sind die schönen Blicke auf die Seehundsbänke und die für Besucher gesperrte Vogelschutzinsel Memmert. Hier werden übrigens Grenzen überwunden: Über das Riff verläuft eine Pipeline, durch die seit 1975 Erdgas aus norwegischen Bohrfeldern in der Nordsee (nördlich der Doggerbank) nach Emden geleitet wird. *D–E4*

ESSEN & TRINKEN

KÜCHENWERKSTATT

Stylisches Restaurant mit ungewöhnlicher Karte, auf der etwa Juister Beef-Tea, ein Rostbraten und diverse Steaks stehen. **Unbedingt probieren solltest du das leckere Vanilleeis, das mit Kürbiskernöl verfeinert wird,** und den New York Cheesecake. Üppige Salate, seltene Craft-Biere! *Strandstr. 1 | Tel. 04935 9 21 20 02 | friesenhof.info/kuechen-werkstatt-juist | €€€ |* *F3*

INSIDER-TIPP
Zuckrige Verführung

HOHE DÜNE

Innen mit Kamin, draußen mit Riesenschirmen, immer mit Meerblick. Gute Cocktails, internationale Karte, auch spanische Tapas. *Strandpromenade 5 | Tel. 04935 92 10 97 62 | €€ |* *F3*

Friesisch gut: Rosinenstuten und ein Ostfriesentee in der Domäne Bilk

BAUMANN'S

Modernes Café-Bistro auf hohem Niveau am Kurplatz. Eine gute Adresse für exzellenten Ostfriesentee, und Eis gibt es hier auch als Einzelkugeln. *Bahnhofstr. 4 | Tel. 04935 990231 |* €€ | *F3*

LÜTJE TEEHUUS

Etwas versteckt liegt das historische Häuschen von 1802 im Januspark, in dem zu den verschiedensten Tees hausgemachte Kuchen, Waffeln und diverse kleine Speisen serviert werden. *Dünenstr. 2 | Tel. 04935 8402 |* €–€€ | *F3*

RÜDIGERS

Das modern gestylte, sehr gute Restaurant befindet sich im Hotel Pabst direkt an den Dünen. Schön ist auch dessen Sonnenterrasse. *Strandstr. 15 | Tel. 04935 8050 | hotelpabst.de |* €€€ | *F3*

DOMÄNE LOOG

Restaurant am westlichen Ortsrand des Loogs. Zwei besondere Spezialitäten gibt es nur auf Vorbestellung: gefülltes Deichlamm und gefüllte Flugente. *Do geschl. | Tel. 04935 1250 |* € | *E–F3*

DOMÄNE BILL

Friesisch eingerichtetes Ausflugslokal vor dem Billriff mit Selbstbedienung. Neben Eintopfgerichten, belegten Broten und Milchreis werden als Spezialitäten Rosinenstuten mit Butter und Sanddornschorle sowie selbstgemachte Eintöpfe geboten. *Mi geschl. | Tel. 04935 12 12 | € | E4*

SHOPPEN

BUCHHANDLUNG KOCH

Spannung garantiert: Im Regal mit den Juist-Krimis stehen Jahr für Jahr mehr Bücher. Auch Bildbände über die Insel findet man im breiten Sortiment. *Friesenstr. 23 | F3*

SÜSSE SACHEN

Confiserie und alkoholische Spezialitäten. Der hausgemachte Nougatbruch (25 Euro/kg) ist besonders zu empfehlen. *Strandstr. 10 | F3*

SCHRAUBEN UND GEDÖNS

Jahrzehntelang wurden in der Strandstraße 20 kulinarische Köstlichkeiten angeboten, doch Gunda und Bernd Grützmacher haben ihr Geschäft „Kees un Botterfatt" geschlossen. Anzutreffen ist hier nun Thomas Lohmann, der die Räumlichkeiten ganz anders nutzt als seine Vorgänger: Nützliches für den Haushalt und Eisenwaren stehen im Mittelpunkt. Hier gibt es all das, was es woanders nicht gibt. Und Thomas Lohmann hilft mit gutem Rat. *Strandstr. 20 | F3*

INSIDER-TIPP
Schraube locker?

INSELTÖPFEREI

Im Laden steht die Drehscheibe, von der alle ausgestellten Produkte stammen – darunter sind originelle Teedosen und verschiedene Teebecher mit einem passenden Stövchen. Auch Fische und Vögel entstehen hier in vielen Variationen aus Ton. *Gräfin-Theda-Str. 1 | F3*

INSELGOLDSCHMIEDE

Wer Schmuck liebt, sollte Ulrich Löhmann über die Schulter schauen. Der Goldschmied zelebriert in seinem Atelier die jahrhundertealte Kunst der Herstellung ostfriesischen Filigranschmucks. Modern kann er aber auch. Auf Wunsch gießt er Juister Sand in farbiges Glas und fertigt daraus bezahlbare Ringe, Anstecker oder Ohrschmuck. *Gräfin-Theda-Str. 1 | inselgoldschmiede-juist.de | F3*

INSIDER-TIPP
Andenken am Ohr

SPORT & SPASS

BEWEGUNGSPARCOURS

Kostenlos und gut für körperliche Aktivität zwischendurch ist der ständig frei zugängliche, aus sechs Geräten bestehende Bewegungsparcours im Januspark. Schilder beschreiben die Übungen an dem jeweiligen Gerät. *F3*

GYMNASTIK

Die Kurverwaltung bietet ein vielfältiges, täglich wechselndes Programm am Hauptbadestrand und am Looger Strand an. Der aktuelle Wochenplan ist bei der Touristeninformation und auf *juist.de* zu finden. *Teilnahme kostenlos | F3*

NORDIC WALKING

Mehrmals wöchentlich startet am roten Rettungsturm Nr. 2 unterhalb des Meerwassererlebnisbads eine ein-

Sonnenbaden gibt's später – erst mal zur Strandgymnastik vor der Kurpromenade

stündige Strandwanderung. Stöcke sind in der Touristinfo im Rathaus erhältlich, wo man sich auch anmelden muss. *Strandstr. 5 | Teilnahme kostenlos, Leihstöcke 1 Euro |* *F3*

JUGENDDISKO

Da können Eltern unbesorgt sein – bei der Diskoveranstaltung am Freitagabend zwischen 19 und 22 Uhr sind auch schon 12-Jährige bestens aufgehoben. *Haus des Kurgastes |* *F2*

KINDERUNIVERSITÄT

Organisiert werden verschiedene Veranstaltungen im Juli/August für Kinder (6–12 Jahre) zu Aspekten der Nachhaltigkeit. *Nationalparkhaus | juist.de |* *F3*

KIDS CLUB

Spiele für Kinder von vier bis sieben Jahren gibt es in den Ferien täglich im Kids Club am Strand unterhalb des Meerwasser-Erlebnisbads. *Am Rettungsturm Nr. 2 |* *F3*

STRÄNDE

Breit, feinsandig und stolze 17 km lang zählt der *Juister Strand* zu den schönsten in Deutschland. Er zieht sich die gesamte Nordseite der Insel entlang. Hier lässt es sich nicht nur

Holzwege schützen die Dünen – und erleichtern den Weg zum Strand

herrlich entspannen, sondern auch aktiv sein. Mit diversen Erlebnisangeboten kommen auch unternehmungslustige Reisende auf ihre Kosten. Völlig naturbelassen ist der Strand hingegen am *Billriff*.

WELLNESS

MEERWASSER-ERLEBNISBAD

Viele Attraktionen wie Grotte und Wasserfall, Strömungskanal, Rutsche und Kleinkinderbecken. Das Wasser ist angenehme 30 Grad warm. Im angeschlossenen Kurmittelhaus *Töwer Vital* stehen auch Einrichtungen sowie Sauna, Dampfbad und Solarien zur Verfügung. *Saisonabhängige Öffnungszeiten | Kurmittelhaus | Warmbadstraße | F3*

WELLNESS BY EWA

Hier kann man es sich richtig gut gehen lassen: Auf Juist stehen im Wellness by Ewa im *Nordseehotel Freese* außer zahlreichen Massagen und Ayurveda-Anwendungen auch Fangopackungen und Paraffinintensivkuren auf dem Programm. *Wilhelmstr. 60/61 | wellnessjuist.de | F3*

ZAUBERBRUNNEN

Im kleinen, aber öffentlichen Wellnessbereich des Biohotels Annatur wird neben naturkosmetischen Behandlungen und Klangmassagen auch eine einzigartige „Sanddornzeit" angeboten. In zweieinhalb Stunden genießt der Gast ein Fußbad mit Sanddornöl, eine Fußreflexzonenmassage, eine Gesichtsbehandlung mit

Sanddornkosmetika, eine bioenergetische Kopfmassage und natürlich auch Sanddorntee. Wer es lieber exotisch mag, gönnt sich eine Abhyanga-Ganzkörpermassage mit ayurvedischen Ölen. *Dellertstr. 14 | Tel. 04935 91 81 27 | annatur.de | F3*

AUSGEHEN & FEIERN

VELERO

Schön für tagsüber und auch für abends: Café, Bar und Restaurant *(€€–€€€)* mit variantenreicher mediterraner Küche am östlichen Ende der Strandpromenade. Keine feste Speisekarte, die wechselnden Gerichte stehen mit Kreide auf Tafeln. Serviert wird auch auf einer Terrasse direkt am Dünenrand. *Tgl. ab 11 Uhr | Strandpromenade 1 | Tel. 04935 92 15 22 | velero-juist.de | F3*

SPELUNKE

Kultige Kellerbar mit dem längsten Tresen auf Juist und der urigsten Einrichtung. Seit 25 Jahren stets gut besucht, Rauchen erlaubt. *Mo–Sa ab 17 Uhr | Am Kurplatz 1 A | spelunke.de | F3*

WELLE

Beliebter Kellertreff für junge Einheimische und Urlauber. Mit Bundesliga-Liveübertragungen. Eine Winterpause oder einen Ruhetag gibt es hier nicht! *Wilhelmstr. 13 | F3*

FILMTHEATER MITTEN IM MEER

Im charmanten Kinosaal kommt Nostalgie auf. Man sitzt gemütlich an kleinen Tischen mit Lämpchen und bestellt am Platz Snacks und Getränke zu fairen Preisen. Das Programm wechselt alle zwei bis drei Tage. *Friesenstr. 24 | Tel. 04935 6 77 | F3*

RUND UM JUIST

MEMMERT

9 km / 30 Min. per Fähre von Juist

Südlich der Westspitze von Juist liegt die Vogelschutzinsel Memmert, die nur vom Vogelwart, dem Inselvogt, bewohnt wird. Zur Insel werden gelegentlich 6- bis 7-stündige Ausflüge mit vogelkundlicher Führung angeboten. *juist.de | D–E 4–5*

SCHÖNER SCHLAFEN AUF JUIST

ALLES SCHÖN UND BIO

Ein wohlriechendes Bioland-Hotel für Allergiker und Gesundheitsbewusste ist das *Haus Annatur (13 Zi. | Dellertstr. 14 | Tel. 04935 9 18 10 | annatur.de | €€€ | F3)*. Frühstücksbüfett und vegetarisches viergängiges Abendessen werden kreativ aus biologischen Vollwertzutaten komponiert. Das kleine Hotel wurde bereits 1997 als erstes auf den Inseln mit dem niedersächsischen Umweltpreis ausgezeichnet. Nur mit Halbpension, aber gutes Preis-Leistungs-Verhältnis. Puschen mitbringen, da im Hotel keine Straßenschuhe getragen werden!

NORDERNEY

TRENDY & HISTORISCH

Die trubelige Insel Norderney *(🕮 H–L 2–3)* ist auch bei Naturfreunden und Aktivurlaubern beliebt. Das zeigt sich vor allem im Hochsommer: Die Fähren sind ohne Unterlass unterwegs – und das sogar tidenunabhängig. Einen ersten Eindruck erhältst du bereits auf der Überfahrt, denn bevor die Fähre den Hafen erreicht, wo Busse und Taxis warten, geht es ein gutes Stück an der Südwestküste entlang – am Westbad mit seinem Badestrand.

Stets wachsam: Seenotretter am Norderneyer Strand

Ohne Zweifel wurden auf Norderney mehr Bausünden als auf den anderen Inseln begangen. Zugleich aber ist hier am meisten historische Architektur erhalten geblieben, darunter ganze Straßenzüge mit Biedermeierhäusern und klassizistischen Bauten. Norderney war damals Treffpunkt der feinen Gesellschaft: Heinrich Heine, Theodor Fontane und Wilhelm von Humboldt gehörten ebenso dazu wie Otto von Bismarck. Heute wetteifert Norderney mit Sylt, Usedom und Binz auf Rügen um den Rang des trendigsten Ziels an den deutschen Küsten.

NORDERNEY

Nordstrand
5 km, 1 Std.
Untere Strandpromenade
Surfcafé
6 Georgshöhe
Kaiserstraße
Luciusstraße
Knyphausenstraße
Tannenstraße
Benekestraße
Am Kap
Am Kap
Mühlenstraße
Strandpromenade
Kaiserstraße
Bismarckstraße
Roonstraße
Onnen-V.-Platz
Schulzenstr.
1,9 km, 20 Min.
Heinrichstr.
Winterstraße
Ellernstr.
Wasserturm 7
Milchbar
Mia Coprian
De Leckerbeck
Jann-Berghaus-Straße
Inselloft Deli
Amici
El Greco
Gran Café Florian
Café Marienhöhe
1 Postamt
Gartenstraße
Napoleonschanze 8
Design Shop 1837
Kirchstraße
Brandung Norderney
Goode Wind
Windmühle Selden-Rüst 9
600 m, 7 Min.
Deckena
Beach Club
5 Kurtheater
Wilhelmstraße
Meine Insel
Marienstraße
Bademuseum 2
4 Conversationshaus
Feldhausenstraße
Mühlenstraße
Bade:haus
Viktoriastraße
Up Süderdün
3 Fischerhaus-Museum
Up Süderdün
Hafenstraße
Strandpromenade
Südwesthörn
Habenpatt
Windjammerkai
Gorch-Fock-Weg
200 m
219 yd
Strandpromenade

MARCO POLO HIGHLIGHTS

★ **BADEMUSEUM**
Wie vegnügten sich die Urlauber früher auf Norderney – und welche Bademoden waren angesagt? ➤ S. 68

★ **CONVERSATIONSHAUS**
Das schönste Gebäude Norderneys: das ehemalige Kurhaus mit Laubengang, Kunstausstellung und bezauberndem Lesesaal ➤ S. 68

★ **FISCHERHAUS-MUSEUM**
Die Geschichte der Insel wird im originalgetreuen Nachbau eines Fischerhauses lebendig ➤ S. 68

★ **KURTHEATER**
Konzerte und Theateraufführungen in der Atmosphäre eines kleinen Hoftheaters ➤ S. 68

★ **CAFÉ MARIENHÖHE**
Wo heute ein originelles Café mit Panoramablick steht, dichtete einst Heinrich Heine ➤ S. 72

★ **MILCHBAR**
Norderneys junges Szenelokal ist besonders beliebt zum Cocktail bei Sonnenuntergang ➤ S. 72

★ **BADE:HAUS**
Deutschlands größtes öffentliches Thalassobad ➤ S. 75

Die Stadt Norderney nimmt nur etwa ein Sechstel der Insel ein und breitet sich zwischen Westbad und Meierei aus. Diese gilt als Bebauungsgrenze, die nicht mehr überschritten werden darf.
Bis zur Inselmitte schließt sich eine weitgehend naturbelassene Übergangszone an, in der aber auch Golf- und Flugplatz sowie mehrere Camping- und Parkplätze zu finden sind. Die ganze östliche Inselhälfte ist dann Natur pur mit ausgedehnten Salzwiesen und Dünenlandschaften. Sie gehört zur Ruhezone des Nationalparks, durch die nur wenige genehmigte Wege führen. Einmalig für die Ostfriesischen Inseln sind in diesem Gebiet die durch Windausblasungen entstandenen Dünentäler, die teilweise bis auf Grundwasserniveau hinabreichen, sodass in ihnen offenes Süßwasser steht.

SIGHTSEEING

1 POSTAMT

Eines der schönsten historischen Gebäude der Stadt ist das 1891/92 errichtete Postamt mit Ziegelverzierungen, dekorativer Bemalung und neoromanischem Rundbogenfries. Sehr effektvoll wird es abends angestrahlt. *Poststr. 1 | h3*

2 BADEMUSEUM ★ ☂

Im Mittelpunkt des modernen Museums steht der Urlaub auf Norderney – ein Streifzug durch die Jahrhunderte von Werbung und Anreise bis Bademode und Strandleben. Davor steht die 1931 konstruierte erste Wellenmaschine des Norderneyer Meerwasserhallenbads. *Di–Fr 11–17, Sa/So 14–17 Uhr | Poppe-Folkerts-Weg 3b | Tel. 04932 93 54 22 | museum-norderney.de | h5*

3 FISCHERHAUS-MUSEUM ★

Das hübsche Fischerhaus, ein originalgetreuer Nachbau eines alten Hauses von 1800, ist das Heimatmuseum der Insel. Es zeigt die Entwicklung vom Fischerdorf zum Staatsbad und gibt in stimmungsvoll eingerichteten Stuben einen Einblick in die Wohn- und Arbeitswelt der alten Norderneyer. Öffnungszeiten und Führungen auf *heimatverein-norderney.de | Eintritt 2 Euro | Weststrandstr. 1 | h4*

4 CONVERSATIONSHAUS ★ ☂

Ein Blickfang mit Geschichte: Das schönste Gebäude auf Norderney ist das 1840 im klassizistischen Stil errichtete ehemalige Kurhaus mit seinem schattigen Laubengang. 2007 wurde es samt Kurplatz aufwendig restauriert. Es birgt jetzt eine moderne Salonbar, die Touristeninformation mit kostenlosem Internetzugang für Kurgäste, eine Kunstausstellung und den schönsten Lesesaal aller deutschen Inseln. *Fr–Mi 10–22 Uhr, Do 10–18 Uhr | Am Kurplatz | h4*

5 KURTHEATER ★

Das Kurtheater aus dem Jahr 1890 ist ein wahres Schmuckstück, das an der Küste einmalig ist. Mit 415 roten Cordsamtsesseln, Logen, zweigeschossigen Rängen und der zart bemalten Stuckatur gleicht es einem kleinen, intimen Hoftheater. Die Lan-

Conversationshaus – der Name klingt wunderbar nostalgisch, das Gebäude ist es auch

desbühne Niedersachsen-Nord gibt hier das ganze Jahr über regelmäßig Gastspiele. Ansonsten fungiert es täglich als Kino. *Nur zu Veranstaltungen geöffnet | neben dem Haus der Insel | 🕮 h4*

6 GEORGSHÖHE

Es wirkt makaber, einen Blinden zum Namenspatron einer Aussichtsdüne mit schönem Blick über Stadt und Insel zu erklären, aber an der Promenade ist das der Fall: Sie heißt nach Georg V. von Hannover, der seine Sommer auf der Insel verbrachte. Unmittelbar unterm „Dünengipfel" ist der wohl am schönsten gelegene Minigolfplatz der Ostfriesischen Inseln zu finden. *🕮 h2*

7 WASSERTURM

Der imposante 41,6 m hohe Wasserturm von 1929 ist eines der Wahrzeichen der Insel. Nachts wird er in atmosphärischen Farben angestrahlt. *April–Okt. Innenführungen nach Anmeldung über 205 Stufen | Jann-Berghaus-Str. 334 | 🕮 j3*

8 NAPOLEONSCHANZE

Ein schöner Spaziergang durch die Geschichte führt von der Janusstraße durch eine baumreiche Parkanlage zur Napoleonschanze und dem ihr nördlich vorgelagerten Schwanenteich. Die Wallanlage stammt aus der Zeit der französischen Kontinentalsperre, als auf Norderney etwa 200 bis 300 französische Soldaten stationiert

Feurig rot glüht der Norderneyer Leuchtturm im Abendlicht

waren. Heute wird sie regelmäßig im Sommer als *Waldkirche* genutzt, in der unter freiem Himmel evangelische Gottesdienste stattfinden. *Frei zugänglich* | *j4*

9 WINDMÜHLE SELDEN RÜST

Die einzige Windmühle der Inseln war 1862–1962 in Betrieb und trägt den Namen *Selden Rüst* (Seltene Ruhe). Zwischenzeitlich beherbergte sie ein Restaurant. *Nur Außenbesichtigung* | *Marienstr. 24* | *j4*

10 NATIONALPARKHAUS

Im modernsten Nationalparkhaus der Inseln gleich am Fähranleger läuft mehrmals täglich eine eindrucksvolle Bilderschau über die Naturlandschaft mit faszinierenden Bildern und effektvoller Musik. In den Ausstellungsräumen demonstriert ein Modell die Entstehung der Gezeiten und informiert über die Lebensbedingungen der Seehunde. *März–Sept. tgl. 10–17, Okt.–Feb. Di–Sa 10–17 Uhr* | *Eintritt 6 Euro mit NorderneyCard* | *Am Hafen* | *Tel. 04932 2001* | *nationalparkhaus-norderney.de* | *2 Std.* | *k–l6*

11 SÜDSTRANDPOLDER

Norderneys ältestes Naturschutzgebiet ist Brutgebiet für etwa 40 Vogelarten, darunter Nachtigallen und Weihen, Bartmeisen und Rohrdommeln, Teichrohrsänger und Wasserrallen. Zudem ist es ein wichtiges Rast- und Nahrungsgebiet für viele Enten-, Gänse- und Watvögel. Das 1,4 km² große Areal östlich des Hafens wurde erst 1940/41 eingedeicht und aufgespült, weil die Nationalsozialisten hier einen Flughafen anlegen wollten, der dann doch nicht fertiggestellt wurde. Nahezu unbeeinflusst vom Menschen konnte sich hier ein Feuchtgebiet entwickeln, auf dem sowohl süßwasserabhängige als auch salzverträgliche Pflanzen gedeihen. Schöne Einblicke in diese amphibischen Zonen locken bei einer etwa 4,5 km langen Deich

wanderung rund um den Südstrandpolder. Die Vogelwelt lässt sich am besten mit einem Fernglas von der Beobachtungshütte auf der südlichen Deichlinie studieren. J3

12 DÜNENSENDER

Von der Aussichtsdüne neben der gleichnamigen Jugendherberge hat man einen guten Rundblick und Einsicht in mehrere grundwassernahe, feuchte Dünentäler mit Birken und Strauchweiden. J3

13 LEUCHTTURM

254 Stufen führen auf den 54 m hohen Leuchtturm, dessen Lichtstrahl noch in 37 km Entfernung zu sehen ist. Sein Feuer dreht sich als einziges an der deutschen Küste links herum; der Leuchtapparat ist eine französische Reparationsleistung aus dem Krieg 1870/71. *April–Okt. tgl. 14–16, bei schönem Wetter ab 11 Uhr | Eintritt 3,50 Euro | Am Flugplatz |* J3

14 SCHIFFSWRACK

Im äußersten Osten der Insel liegt das Wrack eines Muschelbaggers. Man hatte 1968 mit ihm versucht, ein auf der Sandbank festsitzendes Schiff freizuschleppen, das später aus eigener Kraft wieder flott wurde, und war dabei selbst unrettbar gestrandet. Zu erreichen ist das Wrack über den einzig zulässigen und markierten Weg durch diesen Inselteil. Dort steht ganz in der Nähe zwischen März und Oktober ein Infowagen der Nationalparkverwaltung, in dem Erläuterungen zum Thema Salzwiesen und zu den Seehunden gegeben werden, von denen häufig etwa 150 mit dem Fernglas gut auszumachen sind. L2

ESSEN & TRINKEN

AMICI

Das vom sehr freundlichen Wirt Fabiano in zweiter Generation geführte italienische Abendrestaurant bietet auch einen beheizbaren Wintergarten, in dem geraucht werden darf. *Jann-Berghaus-Str. 4 | Tel. 04932 99 18 80 | €€ |* h3

EL GRECO

Wenn du Fan der griechischen Küche bist, dann kommst du im El Greco voll auf deine Kosten. In schöner Atmosphäre lässt es sich sowohl im Innen- als auch im Außenbereich schlemmen. Die Speisen gibt es übrigens auch zum Mitnehmen. Und nebenbei kannst du dank der Speisekarte auch noch ein bisschen Griechisch lernen. *Mi geschl. | Jan-Berghaus-Str. 73 | Tel. 04932 9 91 10 75 | restaurant-el-greco-norderney.eatbu.com | €€ |* h3

DE LECKERBECK

Der Name des Restaurants benennt die Zielgruppe: Leckermäuler. In dem 1878 als Synagoge für die Kurgäste erbauten Haus werden ostfriesische Spezialitäten wie Labskaus, Snirtjebraten und Steckrübencremesuppe mit Krabben aufgetischt. Im Sommer kann man auch draußen schlemmen. *Mo geschl. | Schmiedestr. 6 | Tel. 04932 99 07 53 | leckerbeck-norderney.de | €€ |* h3

GRAN CAFÉ FLORIAN

Das Eis und die ständig frisch gebackenen Waffeln stammen aus eigener Herstellung. Auch Mittag- und Abendessen. *Poststr. 9 | Tel. 04932 1051 | grancafe-florian.de | € | h3*

CAFÉ MARIENHÖHE ★

Auf der Düne, auf der Heinrich Heine sein Gedicht „Lied vom Meer" schuf, steht ein origineller Kuppelbau, dessen Panoramascheiben Meerblick garantieren. Torten und Kuchen sind hausgemacht. *Mo/Di geschl. | Strandpromenade | Tel. 04932 9350153 | marienhoehenorderney.de | €€ | g3*

MILCHBAR ★

Die alteingesessene Milchbar direkt auf der Strandpromenade ist ein Szenetreff. In der Lounge mit direktem Meerblick durch riesengroße Scheiben kannst du Bier, Wein und ab 19 Uhr auch Cocktails genießen, draußen auf der Terrasse gibt es weiterhin Milchreis, Kaiserschmarrn mit Apfelkompott oder rote Grütze mit Vanilleeis und allerlei leckere Kleinigkeiten. Geblieben ist das Prinzip der Selbstbedienung. Vor 12 Uhr wird kein Alkohol ausgeschenkt. *Damenpfad 33 | Tel. 04932 927344 | milchbar-norderney.de | € | g3*

INSELLOFT DELI

In der Ladenzeile des Hotels Loft sitzen die Gäste dieser Delikatessenhandlung zwischen den Regalen und draußen auf einer überdachten Veranda bei norddeutschen und mediterranen kleinen Köstlichkeiten. *Damenpfad 37–40 | Tel. 04932 893800 | inselloft-norderney.de | €€ | g3*

SURFCAFÉ

Trendiges Lokal direkt an den Dünen, große Terrasse mit Meerblick, fröhlich-legerer Service, Kuchen und Snacks. *Am Januskopf 9 | Tel. 04932 935750 | surfcafe-norderney.de | € | j2*

KOCHINSEL

In der Metzgerei etwas außerhalb kommt auch Vegetarisches auf die Mittagskarte. *Mo–Fr 10–13 Uhr | Im Gewerbegelände 54 | inselmanufaktur.de | € | m3*

WEISSE DÜNE

Einen Stundenmarsch vom Dorf entfernt am Ostbadestrand trifft sich in diesem shabby-schicken Traditionslokal, wer die Sonnenbrille im Haar trägt und den Pulli über die Schultern wirft. Man sitzt auf Holzbänken, in Strandkörben oder wie ein Berber auf Stoffkissen an niedrigen Tischen. Manchmal wirkt das Ganze einen Tick zu versnobt, aber dafür sind die Burger sagenhaft – und im Vergleich zum Hummerschwanz sogar bezahlbar. Kleiner Trost, wenn zu Stoßzeiten kein Tisch frei ist: Der Dünensand ist hier wirklich weiß! *Ostbad | Tel. 04932 935717 | weisseduene.com | €€ | J2*

SHOPPEN

DECKENA

Ostfriesische Fleisch- und Schinkenspezialitäten zum Mitnehmen aus ei-

Die Milchbar am Weststrand ist nicht nur tagsüber ein beliebter Treffpunkt

gener Manufaktur, z. B. Norderneyer Meersalzschinken, Lammknacker oder Labskaus in Dosen. *Friedrichstr. 16 | inselmanufaktur.de* | *h3*

MIA COPRIAN

Trendige Mode vor allem aus Skandinavien und Holland, auch Verkauf der Norderneyer Weisse-Düne-Kollektion. Renner ist ein T-Shirt aus Biobaumwolle mit dem Norderneyer Kap. Es zeigt das Wappenbild der Insel, ein gemauertes Seezeichen, dessen Erhalt hiermit unterstützt wird. *Friedrichstr. 26 | mia-coprian.de* | *h3*

BRANDUNG NORDERNEY

Hier gibt's viele angesagte Modelables von Tommy Hilfiger bis Gant, inselgemäß natürlich oft mit einem maritimen Einschlag. *Bülowallee 8* | *h4*

MEINE INSEL

Hier warten mehr als die üblichen Souvenirs: Der Laden der Kurverwaltung verkauft fast alles, wo der Name Norderney oder der Slogan „meine insel" draufsteht: von Sweatern und Hoodies bis zu Regenschirm und Strandkorb. *Im Conversationshaus am Kurplatz* | *h4*

DESIGN SHOP 1837

Lifestyle, Design und Interieur aus edlen Materialien, oft mit einer Prise gestalterischen Witzes. *Damenpfad 38 | 1837-norderney.de* | *g4*

SPORT & SPASS

KINO IM KURTHEATER

In einem der schönsten Kinos Europas, dem alten Kurtheater von Norderney, werden täglich bis zu drei verschiede-

Das Badehaus ist Deutschlands größtes öffentliches Thalassobad

ne Filme gezeigt, darunter auch nachmittags Filme für die ganze Familie. *Kassenöffnung im Kino 30 Min. vor Vorstellungsbeginn | Eintritt 10 Euro, Vorverkauf im Conversationshaus | Am Kurtheater 4 | Programm auf norderney.de* | h4

KURKONZERTE

So schön retro: Dreimal täglich spielen Gastensembles im Sommerhalbjahr zum Kurkonzert auf: tagsüber in der Konzertmuschel am Kurplatz, abends im Conversationshaus. *Eintritt frei* | h4

SEGWAYS

Etwa dreistündige Segway-Touren auf Dünen- und Waldwegen werden angeboten von *LandTours-Norderney* (j3) *(ab 14 Jahren, 10, 15 Uhr und nach Absprache | 69 Euro inkl. Imbiss | Treffpunkt Am Januskopf 8 | Reservierung Tel. 0172 2066005 | landtours-norderney.de).*

MINIATURZÜGE

Miniaturzüge, davon einer inzwischen mit E-Lok, starten unter dem Namen *Bömmels Bimmelbahn* in der Saison mehrmals täglich zu Inselrundfahrten. *Erwachsene 13 Euro, Kinder bis 12 Jahren 6 Euro | Abfahrt an der Bushaltestelle Rosengarten | Tel. 0160 96 00 40 87* | j4

SPIELPARK KAP HOORN

Indoor, outdoor und immer kostenlos: ein Abenteuerspielplatz mit ganz viel Sand für die Kleinen und eine Skaterfläche mit Halfpipe auch für die Größeren. *Mühlenstraße 20* | k4

REITSCHULE JUNKMANN

Norderney ist überzogen von zusammen mehr als 40 km langen Reitwegen. Reitunterricht und Ausritte am Strand und durch die Dünenlandschaft. *Gruppenausritt ab 50 Euro/Std. | Lippestr. 23 | Tel. 04932 9 24 10 | reitschule-junkmann.de* | m2

STRÄNDE

Hier dürfte jeder fündig werden, denn Norderney bietet gleich vier Strände: den *Nordbadestrand*, unterteilt in *Nordstrand I* und *Nordstrand II*, den *Westbadestrand* mit großem Piratenspielplatz, die *Weiße Düne* zum Chillen und schließlich den gemischten *FKK-Strand* an der Oase.

WELLNESS

BADEHAUS ★

Es locken ein großes Bewegungsbecken innen und ein auf 34 Grad beheizbares Außenbad. Vor allem aber ist das Badehaus Deutschlands größtes öffentliches Thalassobad. Entspannung garantieren das Baden in mit ostfriesischem Tee angereichertem Meerwasser, Schlickpackungen in der Schwebeliege sowie Massagen. Eine schöne Saunalandschaft ist ebenso vorhanden wie absolute Ruhezonen und Spielinseln für Kinder. Schiffsattrappen und Dünenkulissen befeuern hier die Phantasie. *Öffnungszeiten saisonabhängig | Preise je nach Angebot | Am Kurplatz 2 | Tel. 04932 89 14 00 | norderney.de/badehaus | h4*

AUSGEHEN & FEIERN

BEACH CLUB

Tanzen, bis die Füße qualmen: Bei der riesigen Musikauswahl kommt im Lauf der Nacht jeder auf seine Kosten. *Saisonabhängige Öffnungszeiten | Strandstr. 2 | Tel. 04932 93 49 30 | haus-kaiser-franz-josef.de | h4*

GOODE WIND

Die unscheinbare Kneipe am Rand des Stadtzentrums ist ein traditioneller Treffpunkt für Einheimische und Gäste ohne aufwendiges Ambiente. Dafür sind die Preise relativ günstig. Die leckeren Cocktails werden vom Landesmeister der Niedersächsischen Cocktailmeisterschaften 2007 geschüttelt und gerührt. *Mi–So 18–1 Uhr | Gartenstr. 58a | h4*

INSIDER-TIPP
Ausgezeichnete Cocktails

NORDERNEYER BRAUHAUS

Moderne Brauereigaststätte, in der seit 2012 das erste Norderneyer Inselbier kredenzt wird. *Damenpfad 5 | Tel. 04932 93 50 87 | norderneyer-bier.de | g4*

SCHÖNER SCHLAFEN AUF NORDERNEY

EXTRAVAGANT UMGEBAUT

Eine frühere Lagerhalle an der Strandpromenade beherbergt das luxuriöse *Hotel Seesteg (Damenpfad 36 a | Tel. 04932 89 36 00 | seesteg-norderney.de | €€€ | g4).* Drinnen verwöhnt es mit erstklassigem Restaurant, 16 großzügigen Zimmern und Suiten. Naturmaterialien sind Trumpf: Die Matratzen sind handgenäht, die Bäder mit Kalksandstein verkleidet. In den Penthouse-Suiten schweift der Blick aus der Badewanne aufs Meer. Und auf dem Dach gibt's Sonnenliegen, ein Pool und ein Private Spa mit Sauna und Thalassowanne für zwei.

BALTRUM

DORNRÖSCHEN ERWACHT

Gerade mal 35 Minuten dauert die Überfahrt von Neßmersiel nach Baltrum *(🕮 L–M2)*. **Aufgemerkt: Die Fähre kommt dabei dicht an der Ostspitze Norderneys vorbei, wo häufig Seehunde auf dem Sand liegen oder im Fahrwasser nach Fischen jagen.**
Die rund 600 Baltrumer wohnen in zwei Siedlungen, die nahtlos ineinander übergehen: dem größeren West- und dem kleineren Ostdorf. Um 1890, als Baltrum ganze 155 Einwohner zählte, standen im Westdorf 29, im Ostdorf elf Häuser. Von den Häusern des 19. Jhs.

Gleich ist die Sonne weg – Abendstimmung in den Dünen von Baltrum

sind nur noch wenige erhalten. Neubauten aus den letzten fünf Jahrzehnten bestimmen das Bild, aber auf Baltrum hat man Maß gehalten. Hochhäuser, die die Landschaft verschandeln, gibt es nicht; selbst das Meerwasserschwimmbad SindBad ist harmonisch in die Dünenlandschaft eingefügt. Das abendliche Leben beschränkt sich auf wenige Lokale, aber seit Beginn des Jahrzehnts ist auch die Gastroszene sehr viel trendiger und umfangreicher geworden – das einstige „Dornröschen der Nordsee" erwacht.

BALTRUM

300 m
328 yd

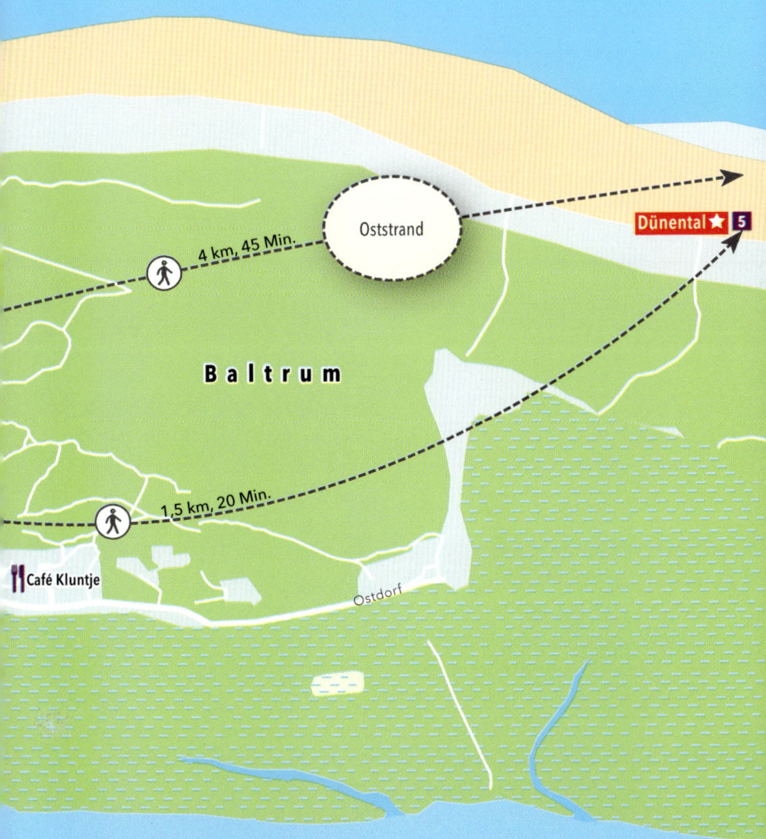

MARCO POLO HIGHLIGHTS

★ **DÜNENTAL**
Bei einer Wanderung durch das große Dünental die „Baltrumer Nachtigall" genannten Kreuzkröten belauschen
➤ S. 81

★ **KATHOLISCHE INSELKIRCHE**
Moderne Glasfensterkunst für den hl. Nikolaus, den Schutzheiligen aller Seefahrer, in der „Winterkirche" der Insel
➤ S. 80

Das Alte Zollhaus erzählt Geschichten: von Seefahrern, Sturmfluten und der „Mutterstube"

Schon gewusst? Auf Baltrum sind die Straßen namenlos. Die Hausnummern wurden chronologisch quer durch den Ort vergeben.

SIGHTSEEING

1 ALTE INSELKIRCHE

Das kleine Gotteshaus aus dem Jahr 1826 ist heute die zweitälteste Kirche der Ostfriesischen Inseln und zeigt anschaulich, wie wenig Einwohner die Insel zu jener Zeit hatte. Aus dem Windfang lässt sich durch die Glastür ein Blick in den ansprechend restaurierten Innenraum werfen. Im Hof der Kirche hängt im hölzernen Glockenstuhl die Inselglocke, die bei einem Sturm von einem holländischen Schiff an den Strand gespült wurde. Gleich neben der Kirche steht auch die alte Inselschule von 1888. *Evangelische Andacht April–Okt. Mo und Fr 19.30 Uhr | Haus 8 | Westdorf*

2 KATHOLISCHE INSELKIRCHE ★

Wäre da nicht das Kreuz auf dem Türmchen, würde man bei dem reetgedeckten Bau im Westdorf vielleicht an ein Fort denken, nicht an eine Kirche. Dafür ist die Form des 1957 errichteten Gotteshauses mit seinem grasbewachsenen Innenhof zu ungewöhnlich – es hat etwas von einem Tortenstück mit dem Turm am spitzen Ende als Sahnehäubchen. Ungewöhnlich ist auch der muschelförmige Altar, auf den das Licht aus hübschen Glasfenstern fällt.

Gottesdienste finden in der St. Nikolaus geweihten Kirche nur von Ostern bis Oktober und an Weihnachten statt. Warum so selten? Weil die katholische Gemeinde der Insel klein ist. Der Pfarrer wohnt auf dem Festland, den Dienst auf Baltrum übernehmen meist Gastpriester, die hier die Ferien verbringen. Aber Besichtigen ist das ganze Jahr über möglich. Einfach mal reinschauen: Die Kirche ist tagsüber frei zugänglich. *Westdorf 243*

3 MUSEUM ALTES ZOLLHAUS

Im Haus 18 zeigt der Heimatverein Baltrum Dokumente der Inselgeschichte. Besonders sehenswert: die historischen Fotos. Über Kopfhörer erfährt man Wissenswertes über die Ausstellungsstücke. *Mo–Sa 10–12, Di/Do auch 15–17 Uhr | Eintritt 4 Euro | Haus 18 | Westdorf | baltrum.org*

4 NATIONALPARK-HAUS

In einem der ersten Häuser auf dem Weg vom Hafen ins Dorf informiert die Nationalparkverwaltung anschaulich über das Ökosystem Watt. Tot aufgefundene und anschließend präparierte Vögel und Seehunde wurden in Landschaftspanoramen eingefügt; in kleinen Aquarien ist Meeresfauna zu sehen. Auch an die Kleinen ist gedacht: Kindgerechte Videofilme entführen in die Inselwelt. *Mitte März–Anfang Nov. Di–Fr 9.30–13 und 15–18, Sa/So 10–12 und 15–18 Uhr | Eintritt frei | Haus 177 | Westdorf*

5 DÜNENTAL ★

Eine der schönsten Landschaften der Insel ist das große Dünental, das sich etwa 1000 m lang und bis zu 300 m breit zwischen den Weißdünen im Norden und den Graudünen im Süden erstreckt. Teile der nur einen Meter über dem Meeresspiegel gelegenen Talsohle stehen unter Wasser und werden von Schilf bedeckt. Andere typische Pflanzen für das Dünental sind Vogelbeere und Schwarzer Holunder, Grauweide, Sand- und Weißdorn. Die Wasserflächen sind Heimat vieler Kreuzkröten, die die Insulaner ihrer kraftvollen Frühjahrskonzerte wegen ironisch „Baltrumer Nachtigallen" nennen. Das Dünental lässt sich in allen Richtungen durchwandern. Den besten Überblick bietet die *Aussichtsdüne*, wobei man sich nicht davon stören lassen sollte, dass sie am Klärwerk liegt.

INSIDER-TIPP
Orientierung behalten

ESSEN & TRINKEN

CAFÉ KLUNTJE

Liebevoll restauriert ist das Haus von 1829, in dessen Café eine sensationelle Ostfriesentorte mit Rumrosinen in familiärer Atmosphäre serviert wird. *Haus 29 | Ostdorf | Tel. 04939419 | kluntje.com | €*

FELDMANNS FISCHECKE

Wer seinen Fisch im Stehen isst, speist billiger. Und in Feldmanns Fischecke zudem noch nicht einmal schlechter. Direkt unter der Aussichtsdüne beim Ostdorf werden in Haus 97 Fisch- und Bratfisch, Fischbrötchen und auch Räucherfisch aus der eigenen Räucherei angeboten. *Haus 97 | Ostdorf | Tel. 04939 393 | €*

SEALORDS

Alles sehr maritim im Restaurant und in der Raucherbar. Die Karte ist bodenständig und exotisch zugleich, Fischgerichte und Steaks stehen ebenso drauf wie Spaghetti Bolognese vom Wild, Schnitzel, Krabben und Scholle. *Haus 122 | Ostdorf | Tel. 04939 320 | sealords-baltrum.de | €€–€€€*

WITTHUS AN'T BRÜG

Restaurant mit blumenreicher Terrasse. Das Kalorienzählen lässt man besser ausfallen: Nachmittags lockt der warme Apfelstrudel mit heißer Vanillesauce und Eis. Gut ist auch der Kartoffelkuchen ohne Mehl und Fett. *Haus 137 | Westdorf | Tel. 04939 990000 | hotel-witthus.de | €€*

SHOPPEN

TÖPFEREI BROOKMERLAND

In der kleinen Töpferei gibt's u. a. Kaffeebecher und Teeservice, Steinmännchen und Duftspender. *Haus 57 | Westdorf | toepferei-brookmerland.de*

SPORT & SPASS

COBIGOLFPLATZ

Golf ist dir zu aufwendig und Minigolf zu simpel? Dann bist du auf dem unter schönen Bäumen gelegenen Cobigolfplatz genau richtig. Der Sport, eine unterhaltsame Kombination aus Minigolf und Krocket, hat dem kleinen Baltrum schon mehrere Deutsche Meisterschaften eingebracht. Ausprobieren! *Haus 22 | Westdorf*

KINDERSPÖÖLHUS

In Baltrums Kinderspielhaus können die Kleinen bei jedem Wetter spielen. Draußen steht zudem ein großes Piratenschiff im riesigen Sandkasten. Häufig finden Mal- und Bastelaktionen statt, doch ohne Kinderbetreuung. Eltern sollten mit dabei sein. *Haus 68 | Tel. 04939 8036 | Westdorf*

JUGENDCLUB

Der Nachwuchs ab 14 trifft sich in den Sommerferien im betreuten Jugendclub zum Tanzen, Kickern, Dartspielen und Chillen bei kleinen Preisen. *Öffnungszeiten nach Aushang | Westdorf*

STRÄNDE

Rund 7 km feinen Sandstrand hat Baltrum zu bieten. Der *Strand direkt am Westdorf* ist touristisch erschlossen, alle anderen Abschnitte, darunter auch der schöne *Oststrand* sind naturbelassen. Viel Platz also für viele Wassersportarten, zum Sonnen, Schwimmen und Spazierengehen. Dank einiger Flachwasserzonen sind auch Anfänger auf der sicheren Seite.

WELLNESS

BADEPARADIES SINDBAD

Abtauchen: Im Meerwasserhallenbad warten eine Sauna- und Badelandschaft, ein Wasserfall, Rutschen und eine Felsgrotte, dazu ein *Wassergarten* für die ganz Kleinen sowie Fitness- und Kureinrichtungen und ein Restaurant (€). *Saisonabhängige Öffnungszeiten | Tageskarte 9 Euro, 10er-Karte 60 Euro | Haus 240 | Westdorf*

KUBA BALTRUM

Das Kur- und Heilmittelzentrum bietet Thalassomassagen an. Die Insel wirbt zudem augenzwinkernd mit einer Spezialität für sich: Herrenthalasso. Man nehme eine Kiste Bier, trage sie mit drei bis fünf Mann (Damen sind auch erlaubt) in die Brandung, leere die Kiste und atme dabei die wohltu-

Schon mal Queller-Spaghetti probiert? Noch nicht? Dann auf ins Skipper's Inn!

ende Salzluft ein. Ob das gesund ist, sei dahingestellt. Spaß macht es auf jeden Fall! *Haus 240 | Westdorf | kuba-baltrum.de*

AUSGEHEN & FEIERN

KLEINE FREIHEIT

Die Bierkneipe mit Dartautomat, in der das Rauchen gestattet ist, ist ein Treffpunkt für Einheimische und Urlauber. *Haus 24 a | Westdorf*

SKIPPER'S INN

Sympathisches Bar-Restaurant mit Frischfisch, Bier, Whiskey, Wein und gelegentlicher Livemusik. *Haus 50 | Tel. 04939 91 09 33 | Westdorf | skippers-inn.de*

STRANDCAFÉ

Tagsüber ein Selbstbedienungslokal, verwandelt sich das Strandcafé des Abends zur beliebtesten Kneipe der auf Baltrum lebenden jungen Leute, manchmal auch mit Livemusik und Tanz. *Haus 70 | Tel. 04939 2 00 | Westdorf | strandcafe-baltrum.de*

STURM-ECK

Eine Adresse für Nachteulen: Das Bier- und Weinlokal hat oft noch geöffnet, wenn woanders schon die Lichter ausgehen. Die 40 Plätze am Tresen sind schnell belegt. *Saisonabhängige Öffnungszeiten | Haus 7 | Westdorf | Tel. 04939 2 39 | wietjespaulick.de*

KINO

Die große Leinwand auch auf der kleinen Insel: Meist montags und donnerstags gibt's in der Turnhalle Filme für Kinder und Erwachsene. *Haus des Gastes | Haus 112 | Westdorf | inselkino-baltrum.de*

THEATER

Aufführungen der seit 1965 aktiven Inselbühne finden meist mittwochs in der Turnhalle statt. Konzerte des Shantychors werden auf *shantychor-baltrum.de* angekündigt.

LANGEOOG

DIE FAIRE INSEL

Knapp sechs Minuten benötigt die farbenfrohe Inselbahn von Langeoog *(🕮 N–P2)* für die Fahrt vom Hafen bis zum Bahnhof des Inseldorfs mit seinen gut 1800 Einwohnern. Unterwegs fällt der Blick westlich des Schienenstrangs auf ein für ostfriesische Inselverhältnisse stattliches Wäldchen.

Im weitläufigen Ort fällt zunächst die Breite der Straßen auf, die hier sogar auf beiden Seiten von Bürgersteigen gesäumt sind. Motorfahrzeuge sind aber auch von Langeoog verbannt; auf den Straßen

Zu Fuß geht's besser an den Strand von Langeoog als mit dem Fahrrad

tummeln sich vor allem Radfahrer. Ab und zu müssen sie Platz für den Elektrokarren der Müllabfuhr oder für die Pferdekutschen machen, die auf Langeoog Taxidienste versehen und auch für Ausflüge über die ganze Insel genutzt werden können.
Übrigens: 2012 wurde Langeoog als „1. Fairtrade-Insel Deutschlands" ausgezeichnet. Zahlreiche Geschäfte und Restaurants beteiligen sich an dieser nachhaltigen Aktion zur Förderung des fairen Handels.

LANGEOOG

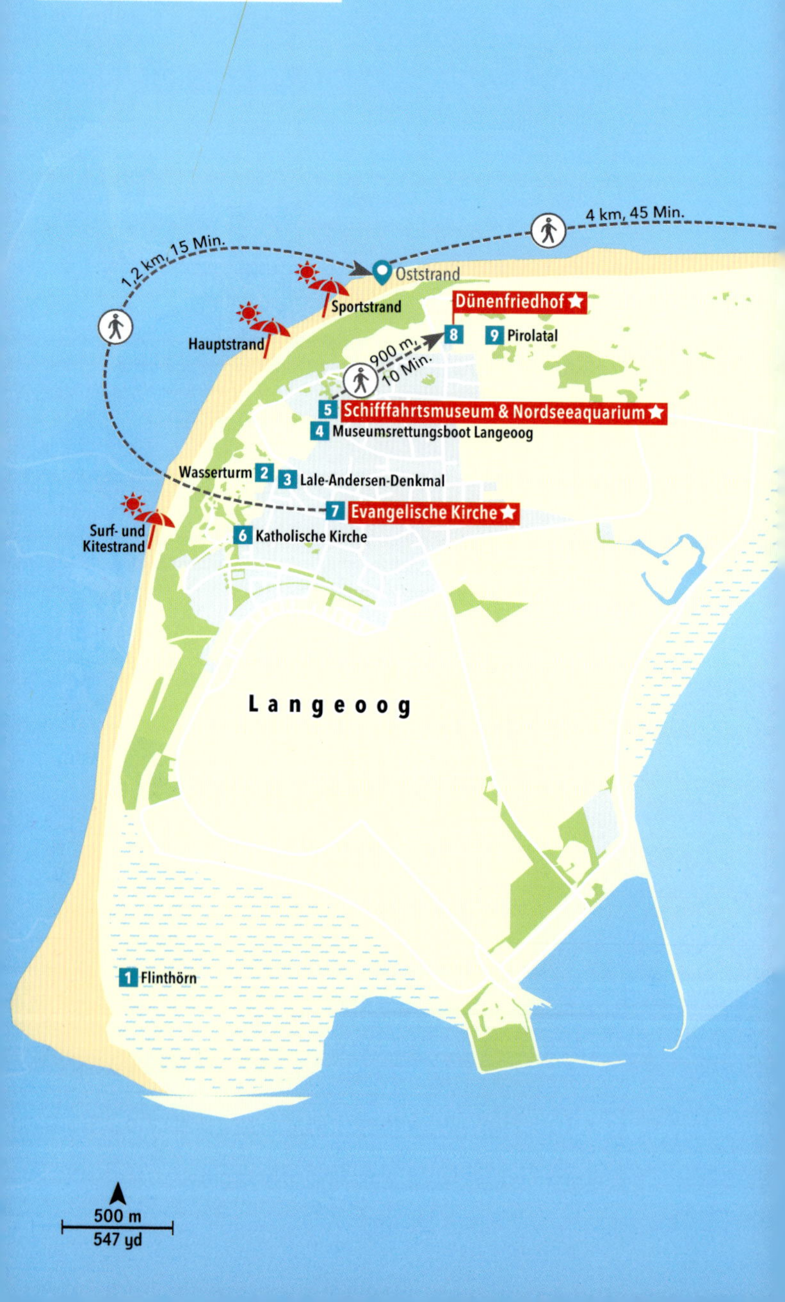

4 km, 45 Min.

1,2 km, 15 Min.

Oststrand

Sportstrand

Hauptstrand

Dünenfriedhof ★

8

9 Pirolatal

900 m, 10 Min.

5 Schifffahrtsmuseum & Nordseeaquarium ★

4 Museumsrettungsboot Langeoog

Wasserturm 2

3 Lale-Andersen-Denkmal

7 Evangelische Kirche ★

Surf- und Kitestrand

6 Katholische Kirche

Langeoog

1 Flinthörn

NORDSEE

Langeooger Inselwatt

MARCO POLO HIGHLIGHTS

★ **DÜNENFRIEDHOF**
Gedenkstätten aus der jüngeren Inselgeschichte und das Grab der Sängerin Lale Andersen ➤ S. 90

★ **EVANGELISCHE KIRCHE**
Ein fast surrealistisch anmutendes Altarbild sorgt für Zündstoff ➤ S. 90

★ **MELKHORNDÜNE**
Mit gut 21 m eine der höchsten Erhebungen Ostfrieslands ➤ S. 91

★ **SCHIFFFAHRTSMUSEUM & NORDSEEAQUARIUM**
Einblick in die Geschichte der Schifffahrt und ein Mini-Langeoog aus Legosteinen ➤ S. 89

Als Wasserspeicher hat er ausgedient, nicht aber als Wahrzeichen von Langeoog

Auffällig breit ist auf Langeoog der Dünengürtel zwischen Dorf und Badestrand.

Die 1500 m lange Höhenpromenade schlängelt sich als reiner Fußgängerweg über die Dünen, auf denen mit dem Wasserturm, der Strandhalle und dem Seekrug auch ausgesprochen originelle Bauten stehen. Wie sonst nur auf Norderney werden auch auf Langeoog neue Akzente in Gastronomie und Hotellerie gesetzt.

ZIELE AUF LANGEOOG

1 FLINTHÖRN

Gleich westlich vom Fähranleger befindet sich das Flinthörn, eine weite Dünen- und Wattlandschaft, durch die ein 1,5 km langer Naturlehrpfad führt. Einen schönen Blick über das in der Ruhezone des Nationalparks gelegene Gebiet hast du von der *Aussichtsplattform*. Von hier aus lassen sich die unterschiedlichen Stadien der Dünenentwicklung studieren. Auch der sogenannte *Fluthaken* ist zu sehen: ein durch Strömung und Sandablagerungen seit 1825 entstandenes, hakenförmiges Areal. *N2*

INSIDER-TIPP **Dünenblick**

2 WASSERTURM

Wahrscheinlich ist dir das Wahrzeichen von Langeoog zum ersten Mal im Logo der Insel begegnet – und du hast es für einen Leuchtturm gehalten. Ist es aber nicht: Das mit 18 m Höhe weithin sichtbare Gebäude wurde 1909 als Trinkwasserspeicher gebaut. Die rund 350 000 m³ Wasser, die die Insulaner und ihre Gäste zusammen pro Jahr verbrauchen, kommen zwar längst aus einem modernen Speicherbecken beim Wasserwerk. Der achteckige Turm aus Klinker und Wellblech, der auf einer Düne im Inselwesten steht, dient heute als Aussichtsturm: Von oben bietet er eine traumhafte 360°-Rundumsicht auf Langeoog und das Watt. Unten im Erdgeschoss informiert eine Ausstellung darüber, wie die Ostfriesischen Inseln ihr Trinkwasser gewinnen. *Turmbesteigung zwischen Oster- und Herbstferien Mo–Fr 10–12, im Winterhalbjahr Sa 10.30–12 Uhr | Eintritt frei | Am Wasserturm |* *N2*

3 LALE-ANDERSEN-DENKMAL

Das Bronzedenkmal zeigt die Sängerin unter einer Laterne – Anspielung auf ihr berühmtes Lied „Lili Marleen". Die Langeooger Goldschmiedin Eva Recker schuf es 2005. *Unterhalb des Wasserturms |* *N2*

4 MUSEUMSRETTUNGSBOOT LANGEOOG

Das kleine Boot der Deutschen Gesellschaft zur Rettung Schiffbrüchiger war von 1945 bis 1980 vor Langeoog im Einsatz. Nun kann man es besichtigen. *Di und Do 10–12 Uhr | Spenden erwünscht | Kurviertel |* *N2*

5 SCHIFFFAHRTSMUSEUM & NORDSEEAQUARIUM ★

Die Ausstellung präsentiert neben Schiffsmodellen auch Buddelschiffe, nautische Geräte, historische Werbeplakate und Emailleschilder für Kreuzfahrten sowie Münzen mit Schiffsmotiven aus aller Welt.

Schön ist die Sammlung von gravierten Walzähnen und -knochen, informativ die Dokumentation zur Langeooger Schifffahrtsgeschichte. Das Aquarium zeigt die vielfältige Fauna der Nordsee. (Nicht nur) für Kinder eine tolle Attraktion: Langeoog ganz aus Legosteinen nachgebaut. *Mo–Sa 10–13, Di und Do zusätzlich 14–17 Uhr | Eintritt ab 2 Euro | Haus der Insel | Kurviertel |* *N2*

INSIDER-TIPP
Insel aus Steinen

MUSCHELN MIT LÖCHERN

Muschelschalen mit kleinem Loch werden am Nordseestrand gern gesammelt, denn sie lassen sich gut zu Ketten aufreihen. Schaut man genauer hin, kann man zwei Arten von Löchern unterscheiden. Unregelmäßige Löcher sind durch Reibung der Schalen auf Sand entstanden. Die kreisrunden Löcher mit glattem Rand jedoch sind Indiz eines „Mordes": Nabelschnecken haben ihren Rüssel durch die Schale gebohrt, um die Muschel auszusaugen. Findet man Muscheln und Schneckengehäuse mit einer Vielzahl von Löchern, zeugen die vom Werk des Bohrschwamms. Diese Löcher stehen im Innern der Schalen durch Gänge in Verbindung, in denen der Bohrschwamm gelebt hat.

6 KATHOLISCHE KIRCHE

Die 1961–63 erbaute Rundkirche mit dem markanten Turm in Form eines Schiffsstevens ist dem hl. Nikolaus geweiht. *Tagsüber geöffnet | Strandjepad/Friesenstraße | 🕮 N2*

7 EVANGELISCHE KIRCHE ★

In der Inselkirche aus dem späten 19. Jh. sorgt ein modernes Altarbild des Malers Hermann Buß aus Norden für Diskussionsstoff. Das surrealistisch anmutende Werk zeigt ein gestrandetes Fährschiff mit teilnahmslos herumstehenden Menschen und einen leeren Tisch im Vordergrund. Das Bild ist eine bewusste Provokation, die zum Nachdenken anregen soll. *Tagsüber geöffnet | Kirchstraße | 🕮 N2*

8 DÜNENFRIEDHOF ★

Langeoogs Gemeindefriedhof ist nicht nur ein romantischer Platz in den Dünen mit muschelschalenbestreuten Wegen und dem Grab der Sängerin Lale Andersen (1905 in Bremerhaven geboren), sondern auch ein geschichtsträchtiger Ort. Auf dem als *Baltengedenkstätte* bezeichneten Teil des Friedhofs sind zahlreiche vertriebene deutschstämmige Balten bestattet. 300 von ihnen siedelte man 1945 nach Langeoog um; bis 1978 war die Insel Standort eines Altenheims für Deutschbalten.

Auf dem *Russenfriedhof* wurden 1941 und 1942 mindestens 113 sowjetische Zwangsarbeiter verscharrt, deren Namen auf sechs Gedenksteinen zu lesen sind. Sie gehörten zu den 450 Russen, die im August 1941 nach Langeoog gebracht und hier unter unmenschlichen Bedingungen bei Arbeiten an militärischen Anlagen eingesetzt wurden. Sie wurden für Bauarbeiten an der Luftwaffenbasis und an den Flak- und Bunkerstellungen in den Dünen herangezogen, mussten aber auch Straßen pflastern. Im Mai 1942 wurden die Überlebenden in die Lüneburger Heide verlegt.

Schließlich mahnt noch ein 1958 errichtetes hölzernes *Ehrenkreuz* an die deutschen Gefallenen des Zweiten Weltkriegs. Seine Bedeutung wurde durch ein bronzenes Buch am Fuß des Kreuzes erweitert, auf dessen Seiten man einen Auszug aus einer Rede Richard von Weizsäckers liest, in der er aller damaligen Opfer gedachte. *🕮 N2*

9 PIROLATAL

Das fast 2 km lange und bis zu 300 m breite Pirolatal wird im Süden und Norden von Graudünen gesäumt, die bis zu 15 m hoch sind. Ein Wanderweg führt dich zu Fuß oder auf dem Rad durch das Tal. *🕮 N2*

10 SCHLOPP

Sturmfluten haben Langeoog immer wieder schwer zugesetzt. 1721 waren die Zerstörungen so groß, dass die Insulaner ihre Heimat aufgaben und aufs Festland zogen; erst zwei Jahre später wurde Langeoog von Helgoland und den Nachbarinseln aus neu besiedelt. Eine Sturmflut im Jahr 1825 ließ dann die Insel in drei Teile zerfallen. Wo bis zum Deichbau von 1906 das Wasser stand, ist an der flachen Wiesenlandschaft noch heute zu erkennen: im *Großen* und *Kleinen*

Aufregung um das moderne Altarbild der evangelischen Kirche: statt Christus ein Fährschiff?

Schlopp, zwischen denen die Melkhörndüne liegt. Außer einigen kleinen Brackwasserteichen gibt es hier seit 1971 auch einen größeren Baggersee. Er ist bis zu 12 m tief und wird u.a. von Garnelen und Aalen besiedelt. Im Norden ist der Deich durch Sandanwehungen um 15 m von selbst gewachsen. *N-O2*

11 MELKHÖRNDÜNE ★

Dieser Aufstieg lohnt sich: Von der als Aussichtspunkt befestigten, gut 21 m hohen Düne winkt ein schöner Rundblick über Dünen, Heller und Salzwiesen. *Vor der Jugendherberge auf dem Weg zum Gasthaus Meierei* | *O2*

12 VOGELKOLONIE

Die Dünen im Osten der Insel sind zum Großteil Vogelschutzgebiet und dürfen nur im Rahmen von Führungen betreten werden, die zu bestimmten Terminen am Vogelwärterhaus am Weg zur Meierei beginnen. Die Vogelkolonie ist zwischen Mai und Anfang Juli Brutrevier vor allem von Silbermöwen. Von dieser Möwenart brüten auf Langeoog etwa 1000–2000 Paare. Noch zahlreicher sind die Heringsmöwen mit fast 5000 Brutpaaren. *O2*

13 OSTERHOOK

Am Osterhook endet der Pflasterweg in den Inselosten. 700 m weiter steht auf einer Düne die frei zugängliche *Infohütte Osterhook* samt Aussichtsplattform, von der aus man vor allem in der Stunde vor und nach dem Hochwasser Seehunde und Vögel beobachten kann. Hierher fahren regelmäßig auch Ausflugsboote von den

Häfen auf Langeoog und in Bensersiel. *P2*

ESSEN & TRINKEN

ANNO 1828

Das moderne Restaurant setzt auf regionale Erzeugnisse, Fisch aus nachhaltiger Fischerei und Fair-Trade-Produkte. Ostfriesische Spezialitäten stehen ebenso auf der Karte wie saftige Steaks und vegetarische Gerichte. Sonntags ist Schnitzeltag. *Mittelstr. 10 | Tel. 04972 911930 | logierhus-langeoog.de | €€€ | N2*

CAFÉ LEISS

Ein Traditionshaus, das 1958 eröffnet wurde. Im beliebtesten Café im Dorf beginnt der Tag um 9.30 Uhr mit einem großen Frühstücksbüfett. Bis abends werden Kuchen und Torten aus eigener Herstellung, aber auch kleine Gerichte serviert. *Barkhausenstr. 13 | Tel. 04972 6514 | hotel-kolb.de | € | N2*

EBBE & FLUT

Bewusst auf Regionalität setzen die Betreiber im Ebbe & Flut. Dafür arbeiten sie mit festen Partnern zusammen. Die Speisekarte bietet dir eine feine Auswahl an, die mit kleinen Leckereien beginnt, bei Fisch nicht haltmacht und mit ausgewählten Desserts für einen runden Abschluss sorgt. Zwischendurch lockt der selbst gemachte Sanddornlikör. Im neuen Dry Ager bekommen Speisen eine ganz besondere Note. *So geschl. | Barkhausenstr. 7 | Tel. 04972 9906977 | ebbeundflut-langeoog.com | €€ | N2*

SCHIFFCHEN

Der Schwerpunkt im Restaurant des Hotels Kolb liegt auf leichter mediterraner Kost. Bei schönem Wetter stehen auch 45 Plätze im Außenbereich zur Verfügung. *Barkhausenstr. 32 | Tel. 04972 910425 | hotel-kolb.de | €–€€€ | N2*

STRANDHALLE

In dem Traditionsbau von 1954 weht ein frischer Wind. Bar, Café und Restaurant prägt moderne Eleganz. Die Speisekarte unter dem Motto „Friesisch Crossover" ist fantasievoll. Klassiker wie Fisch, Schnitzel, Steaks und Pasta werden durch ausgefallene Eigenkreationen ergänzt wie die „Strandwichs" – hausgebackenes Brot, das etwa mit gepökelter Ochsenbrust oder mit marinierter Roter Bete und Purple-Potatoe-Creme belegt ist. Beliebt sind auch die Sundowner-Cocktails, die gereicht werden, wenn hinter den breiten Fensterfronten die Sonne im Meer versinkt. *Höhenpromenade 5 | Tel. 04972 990776 | strandhalle.info | € | N2*

Die Strandhalle serviert zu kreativen Gerichten auch eine perfekte Rundumsicht

MEIEREI

INSIDER-TIPP
Französische Kanonenkugeln

Ausflugslokal mit großer Terrasse im Osten der Insel. Im Gastraum sind zwei von zehn je 3 kg schweren Kanonenkugeln ausgestellt, die aus der Zeit der napoleonischen Kontinentalsperre stammen. Damals waren auf Langeoog 200 französische Soldaten stationiert, die den englischen Handel zwischen Helgoland und Hamburg unterbinden sollten. Serviert wird Inseltypisches: Dickmilch, belegte Brote und Würstchen, frische Milch und Sanddornsaft aus eigener Ernte. *Tgl. 11–17 Uhr | Tel. 04972 248 | falke-meierei.de | € | O2*

SHOPPEN

SCHMUCKLUST

Schönes Goldschmiedeatelier, das auch Trauringseminare veranstaltet, in denen sich Brautpaare ihre Ringe in sechs bis acht Stunden selbst schmieden können. Zudem sind drei- oder fünfstündige Goldschmiedekurse, an denen auch ältere Kinder teilnehmen können, im Angebot. *Schnupperkurs 3 Std. | Preis auf Anfrage | Barkhausenstr. 34 | Tel. 04972 990344 | goldschmiedeseminare.de | N2*

ATELIER ANSELM AM MEER

Anselm Prester, 1943 am Tegernsee geboren, lebt seit 1965 auf Langeoog. Seine Werke sind anders als jene Gemälde mit den typischen Inselmotiven, die überall erhältlich sind. Anselm und Carmen Prester geben auch Malkurse für Kinder und Erwachsene. *Warmbadweg 4 | Tel. 0171 5318672 | atelier-am-meer-langeoog.de | N2*

SPEZIALITÄTENHAUS

Bio- und Fairtrade-Kaffee aus der Inselrösterei, dazu Gin und ein dunkles, leicht malziges Bier in Flaschen aus der winzigen Inselbrauerei. Das Geschäft ist gleichzeitig ein uriges Röstereí-Café. *Hauptstr. 21 | langeooger.com | N2*

Muschelsuchen ist an jedem Strand eine wunderbare, stundenlange Beschäftigung

SCHMUGGELKISTE & INSEL-GOLDSCHMIEDE

Buddelschiffe und Maritimes; Schmuck aus verschiedenen Erdteilen und Arbeiten aus der eigenen Werkstatt. Beliebt sind Anhänger in Inselform und die Miniaturrepliken des Lale-Andersen-Denkmals. *Am Wasserturm 3 | Tel. 04972 895 | schmuggel-kiste.de | N2*

SPORT & SPASS

MEERWASSER-ERLEBNISBAD

Viel Wasserspaß garantieren Wellenkanal, die 42 m lange Riesenrutsche, Planschbecken und Traumgrotte, Whirlpools, Solarien und Fitnessraum. In der Saunalandschaft stehen Innen- und Außensaunen sowie zwei Tauchbecken zur Verfügung.

INSIDER-TIPP
Ordentlich strampeln

Eine sportliche Besonderheit sind hier die *Aquarider:* Fahrradergometer, die im 32 Grad warmen Meerwasserbecken stehen – maritimes Fitnesstraining. *Saisonabhängige Öffnungszeiten | im Kurzentrum | N2*

DÜNENSINGEN

Jeden Dienstag ab 20 Uhr wird es auf Langeoog musikalisch: Herbert Burmester greift zum Akkordeon und lädt Inselgäste zum Mitsingen ein. *Treffpunkt im Dünental zwischen Wasserturm und Hauptbad | Ende April bis Mitte Oktober*

NORDIC-WALKING-PARK

Geführte Walks für Kurgäste gibt es auf Langeoog schon lange. 2007 wurde hier auch der erste Nordic-Walking-Park der ostfriesischen Inselwelt mit fünf extra ausgeschilderten Routen von 5,2 bis 21,3 km Länge durch die Langeooger Inselnatur geschaffen. *Infos im Kurzentrum | N2*

WELLENREITEN

Tidens Surfhuus ist die neue Anlaufstelle für alle Fans des Wassersports.

Unter anderem kannst du hier Kurse im SUP, Kiten, Wingsurfen oder auch Wingfoilen buchen. Kinder dürfen sich im Wellenreiten versuchen. Geübt wird an zwei Standorten: am West- und am Oststrand. *Tidens Surfhuus | Tel. 01609 9892384 | tidens-surfhuus.de*

SPÖÖLSTUV

In der „Spielstube" finden Gästekinder drinnen eine Fun-Box mit allerlei Geräten zum Toben, auch draußen kann unter Aufsicht der Eltern wild gespielt werden. Zudem bietet die Kurverwaltung in der Spöölstuv auch mehrere Kreativ- und Bastelkurse an. *Kavalierpad 3 | Tel. 04972 693236 | N2*

GOLFCLUB INSEL LANGEOOG

Die Spieler kommen mit dem Fahrrad statt dem Ferrari, den 9-Loch-Platz teilen sie sich mit Schafen, die das Gras kurzhalten. Der Platz gilt als trickreich. Der Wind ist oft eine Herausforderung. *Flughafenstr. 2 | Tel. 04972 990246 | inselgolfen.de | N2*

STRÄNDE

Eine der Hauptattraktionen der Insel ist ihr satte 14 km langer, teils von Dünen gesäumter Naturstrand. Für die verschiedenen Bedürfnisse der Gäste gibt es unterschiedliche Zonen: Der bewachte *Hauptstrand* liegt direkt am Ort, gefolgt vom *Sportstrand* am Dünenübergang Hauptbad. Auch im Westen gibt es wegen der guten Wind- und Wellenbedingungen einen *Surf- und Kitestrand* sowie einen *Hundestrand*. In Richtung Osten liegt der *FKK-Strand*.

AUSGEHEN & FEIERN

DÜNE 13

Kult-Kneipe, die ausgiebig renoviert wird und 2024 wieder durchstartet. Die Betreiber laden zunächst ins *Lieblingscafé (Hauptstraße 9 | Facebook: lieblingscafelangeoog). Höhenpromenade 1 | N2*

LICHTSPIELE WINDLICHT

Im Inselkino werden täglich gleich mehrere Filme gezeigt. *Am Hospizplatz 7 | Tel. 04972 92250 | windlicht-langeoog.de | N2*

SCHÖNER SCHLAFEN AUF LANGEOOG

HOTEL FÜR DESIGNFANS

Das *Retro Design Hotel (21 Zi. | Abke-Jansen-Weg 6 | Tel. 04972 682 99 90 | hotel-kolb.de | €€–€€€ | N2)* ist im farbenfrohen Stil der 1970er-Jahre gestaltet. Juniorsuiten mit Whirlpool; Chillout-Bar.

NACHHALTIGES WOHLFÜHLEN

Im Wellnesshotel *Logierhus (36 Zi. | Mittelstr. 10 | Tel. 04972 91190 | logierhus-langeoog.de | €€€ | N2)* schläft es sich umweltfreundlich. Zirbenholzmöbel und Eichendielen stammen aus nachhaltiger Forstwirtschaft, für Wellness und Beauty sorgen Naturprodukte, für Heizung und Kühlung eine innovative Speichertechnologie.

SPIEKEROOG

RUNTERKOMMEN! DIESMAL WIRKLICH!

Ruhig, ruhiger, Spiekeroog *(🕮 P–R 1–2):* **Auf der ursprünglichsten der sieben Inseln geht es herrlich beschaulich zu. Jahrhundertealte Häuser und hohe Bäume säumen die Gassen des historischen Ortskerns. Es gibt keinen Fahrradverleih, Fußgänger und Bollerwagen beherrschen das Bild.**

Zwischen dem Dorf und den weiten Stränden liegt ein außergewöhnlich breiter Dünengürtel, stellenweise von Wäldchen durchzogen. Das dichte Netz aus Fußwegen teilen sich Wanderer mit Fasanen,

Fortbewegung ohne Motor: eine Fahrt mit der Inselbahn

Aussichtsdünen gewähren Blicke bis hinüber zum markanten Westturm von Wangerooge. Die ausgedehnten Salzwiesen im Osten der Insel sind eine Welt für sich. Nicht ein einziger gepflasterter Weg durchzieht die faszinierende Landschaft aus von Prielen umspülten jungen Dünen und Brackwasserflächen. Die autofreie Insel mit knapp 800 Einwohnern hat erst aus Verschlafenheit und später ganz bewusst darauf verzichtet, Trends im Tourismus zu folgen. Mit den Besucherzahlen ist man zufrieden, auf Wachstum verzichtet man gern.

SPIEKEROOG

Hauptbadestrand
6 km, 1 Std.
3 Neues Kurzentrum
Kurioses 4
Muschelmuseum
Spiekerooger
Inselmuseum
6
Weiße Dünen
Kurpark 5
2
1 Alte Inselkirche
1,6 km, 20 Min.
Museumspferdebahn 7
7 Museumspferdebahn
Old Laramie
500 m
547 yd

MARCO POLO HIGHLIGHTS

★ **ALTE INSELKIRCHE**
Der verträumte Bau von 1696 beherbergt einen Schatz – vermutlich von der spanischen Armada ➤ S. 100

★ **OLD LARAMIE**
Ziel eines schönen Strandspaziergangs zum Westend, ob zum nachmittäglichen Käsekuchen oder abends zum entspannten Bier ➤ S. 105

★ **NEUES KURZENTRUM**
Im runderneuerten Herzen der Insel präsentiert sich Spiekeroog beim Minigolf im Miniaturformat ➤ S. 101

★ **OSTPLATE**
Dieses Naturparadies aus Dünen, Prielen und Brackwasserflächen ist erst 100 Jahre alt ➤ S. 102

Wie im Dornröschenschlaf erhalten geblieben: die Alte Inselkirche, die älteste rundum

ZIELE AUF SPIEKEROOG

1 ALTE INSELKIRCHE ★

Ein kleines Fragment Weltgeschichte findet man in der alten ev.-luth. Kirche, Baujahr 1696. Hier steht an einer Seitenwand eine *Pietà*, eine Skulptur, die Maria mit dem vom Kreuz genommenen Jesus zeigt. Das schöne Stück stammt vermutlich von einem Schiff der spanischen Armada, die 1588 in einer der folgenreichsten Seeschlachten aller Zeiten den Engländern unterlag. Der Sturm trieb die Überreste der Flotte auseinander – und eines ihrer Schiffe soll auf Spiekeroog gestrandet sein. Erwiesen ist das nicht, allerdings fand man auch einen spanischen Degen und Münzen aus jener Zeit.

Im Inneren der Kirche teilt sich die Pietà den knappen Platz u.a. mit zwei *Schiffsmodellen*. Die *Kanzel* aus dem 16. Jh. schmücken plattdeutsche Bibelsprüche, von der blauen Decke funkeln goldene Sterne. In das Backsteingebäude gelangt man durch einen niedrigen Vorbau samt hölzernem Opferstock mit der eingeschnitzten Jahreszahl 1676, der den pragmatischen Insulanern auch schon als Leichenhalle und Bootsschuppen diente.

Andachten finden im ältesten Gotteshaus der Inseln nur im Winter statt, im gästereichen Sommerhalbjahr weicht man in die 1961 gebaute neue Kirche mit mehr als 500 Plätzen aus. Auf dem baumumstandenen Kirchhof sind Grabsteine aus dem 18. und 19. Jh. zu sehen. *Zeiten und Führungen nach Aushang | Zugang von Süder- und Noorderloog aus |* *Q1*

2 SPIEKEROOGER INSELMUSEUM

Das Museum in einem kleinen Inselhaus zeigt ausgestopfte Vögel und Muschelschalen von den Inseln. Gerätschaften sowie viele historische Fotos illustrieren den Alltag der Menschen und das frühere Badeleben. *In der Saison So–Fr 15–17.30 Uhr | Eintritt 3 Euro | Noorderloog 1 | Q1*

3 NEUES KURZENTRUM ★

Eine Kunstwiese mit Skulpturen, ein Sandspielbereich für Kinder und Strandkörbe machen den Platz zu einem beliebten Treffpunkt.
Wer den weiten Marsch über die Insel scheut, erkundet sie alternativ auf wenigen Metern bei einer Partie *Erlebnisgolf (Mo–Fr 9–12.30 und 14–17, Sa–So 9–12.30 Uhr | Erwachsene 7 Euro, Kinder 5 Euro)*: Auf dem 2020 komplett neu gestalteten Minigolfplatz am Inselbad thematisieren 15 Parcours verschiedene Aspekte aus Geschichte und Gegenwart der Insel. An einer Bahn etwa geht es um die historische Pferdebahn, an einer anderen um Ebbe und Flut und an einer dritten finden sich Überreste eines 1883 vor Spiekeroog gestrandeten Dampfers, dessen Wrack bei Niedrigwasser noch immer am Strand zu sehen ist. Schläger können nebenan im Haus des Gastes („Kogge") ausgeliehen werden. *Q1*

4 KURIOSES MUSCHELMUSEUM

Wer norddeutschen Humor mag, sollte sich die Sammlung von mehr als 4000 Muschelschalen aus allen Weltmeeren im Obergeschoss der Touristeninformation anschauen. Bemerkenswerter als der Fleiß, mit dem sie zusammengetragen wurden, sind die Fantasienamen, die man ihnen verpasst hat – mal drollige, mal derbe Und einige auch zum Nachdenken. *Mo–Fr 9–17, Sa/So 9–12.30 Uhr | Eintritt 1 Euro | Haus des Gastes | Q1*

5 KURPARK

Der Kurpark ist der schönste unter den Parks auf allen sieben Inseln. Reicher Baumbestand und kleine Wasserläufe bilden einen naturnahen Kontrast zum gartenarchitektonisch durchgestalteten Teil vor dem Musikpavillon. *Q1*

6 WEISSE DÜNEN

Die eindrucksvollen Sanddünen nördlich des Kurzentrums erreichen zum Teil stattliche 24,5 m – die höchste Erhebung in Ostfriesland! *Q1*

7 MUSEUMSPFERDEBAHN

INSIDER-TIPP
Unterwegs mit 1 PS

Zugegeben, es klingt ein wenig wie von einem enthusiastischen Werbetexter erdacht: Auf Spiekeroog verkehrt das erste von einem Pferd gezogene Schienenfahrzeug Deutschlands! Hört sich aber besser an als eine Aufzählung der nüchternen Eckdaten: Die Pferdebahn ging 1885 in Betrieb, die Fahrt dauert 15 Minuten, und im Waggon finden 16 Menschen Platz. Die Route ist eher ungünstig gewählt – sie führt vom westlichen Ortsrand in Richtung eines aufgegebenen Schiffsanlegers, also quasi vom Nichts ins Nirgendwo. Aber auch wenn man zu Fuß schneller wäre, lohnt sich die Fahrt, gerade in den ersten Tagen eines Besuchs. Sie ist ideal, um sich auf das gemächliche Inseltempo einzustellen. Kurzzeitig sah es aus, als müsse die Bahn den Betrieb einstellen. Aber 2021 wurde die Strecke für 100 000 Spenden-Euro saniert.

Mitte April–Mitte Okt. 13, 14, 15 und 16 Uhr ab Inselbahnhof | Hin- und Rückfahrt 8 Euro | Tel. 0177 5 12 05 19 | *P–Q1*

8 NATIONALPARKHAUS WITTBÜLTEN & HERMANN-LIETZ-SCHULE

Die Ausstellung vermittelt anschauliche Informationen über die Gezeiten und die Lebensräume der Insel. Im *Aquarium* wird die heimische Meeresfauna gezeigt, ergänzt vom 15 m langen Skelett eines Pottwals. Café, Museumsshop, Führungen und Vorträge gehören zum Angebot. *Wechselnde Öffnungszeiten | Eintritt 4,50 Euro | Hellerpad 2 | nationalparkhaus-wittbuelten.de | 2 Std.*

Einer der Träger des Zentrums ist die unmittelbar benachbarte Hermann-Lietz-Schule. Die Schüler des privaten Internats kümmern sich um die Ausstellung. Die Schule bietet zudem die Chance, dem Nachwuchs ein bisschen Hogwarts zu ermöglichen: mit der Sommer-Insel-Uni. 24 Jugendliche zwischen zehn und 14 Jahren können für eine Woche Internatsluft schnuppern, ganz ohne Eltern, ganz ohne nervige Slytherins. Wichtig: frühzeitig über *hl-schule.de* anmelden! *Q1*

INSIDER-TIPP
Ein Hauch von Harry Potter

9 OSTPLATE ★

Spiekeroog ist in den letzten 100 Jahren stärker als jede andere Ostfriesische Insel nach Osten hin gewachsen. Jenseits der Hermann-Lietz-Schule und des Quellerdünenheims entstand eine sogenannte *Sandplate*, also eine ausgedehnte Sandbank, die nur bei Sturmfluten unter Wasser gerät. Das Gebiet ist mittlerweile 7 km lang und bis zu 2,5 km breit. Wer von Westen kommt, sieht niedrige Dünen und von vielen Wasserflächen durchzogene Salzwiesen. Dieses einzigartige Areal hat sich seit etwa 1935 nahezu ungestört von Menschen entwickelt, sodass hier selten gewordene Pflanzen wie der Strandqueller, die gelb blühende Strandwinde und die Strand- oder Salzaster noch in größerer Zahl vorkommen. Außerdem ist die Ostplate Brutstätte vieler Vögel wie Austernfischer, Eiderenten, Silbermöwen, Zwergseeschwalben, See- und Sandregenpfeifer. Das gesamte Areal darf nur auf markierten Wegen betreten werden, die jedoch während der Brutzeit von April bis Juli gesperrt sind. Gummistiefel anziehen! *R1*

ESSEN & TRINKEN

DAS ALTE INSELHAUS

Nachmittags ein stimmungsvolles Café (selbst gebackener Kuchen!), abends ein Restaurant. Deftige Gerichte von Aal bis Roastbeef dominieren die Karte im ältesten Haus des Dorfs (um 1700), aber auch Vegetarisches ist zu haben. *Süderloog 4 | Tel. 04976 473 | altes-inselhaus.de | € |* *Q1*

TEETIED IN'T WITTHUUS

Das gemütliche Haus ist ein Tempel für Ostfrieslands Nationalgetränk, den Tee. Nachmittags gibt es dazu Obstkuchen und Waffeln mit Kirschen, abends kommt Gutbürgerliches auf den Tisch. Bei kühlem Wetter bringt ein Sanddorngrog die Gäste auf Temperatur.

Das alte Inselhaus: schön und lecker speisen im dorfältesten Haus

Süderloog 1 | Tel. 04976 15 93 | tee-tied-spiekeroog.de | €–€€ | *Q1*

DE BALKEN

Internationale Karte, die von Lammsteak Provenzale über Amsterdamer Knoblauchfisch bis zur überbackenen Gemüsepasta reicht. Italienische Weine werden in 0,5-l-Karaffen serviert. *Noorderloog 15 | Tel. 04976 5 70 | familie-kiesow-spiekeroog.de* | €€ | *Q1*

INSELCAFÉ

Vom großen Tortenangebot ist die Sanddorntorte besonders empfehlenswert. Reichhaltiges Frühstücksbüfett. Bei fiesem Wetter wärmt ein Holzkamin, bei Sonne lockt die Terrasse. *Noorderloog 13 | Tel. 04976 91 20 10 | inselbaeckerei.de* | €€ | *Q1*

GEZEITEN

Moderne, nordisch inspirierte Küche in einem über 200 Jahre alten Inselhaus. Es gibt Fischsuppe und Fjordlachs, Riesengarnelen und Weiderind, alles mit nachhaltigem Anspruch. Abendkarte ab 17.30 Uhr, vorher nur Auswahl. *Noorderpad 1 (Eingang Noorderloog) | Tel. 04976 2 04 | gezeiten-spiekeroog.de* | €€€ | *Q1*

BUNTE KUH

Butter-Zimt-Waffeln mit fairem Preis-Leistungs-Verhältnis. Auch das Eis schmeckt gut. *Noorderloog 2* | € | *Q1*

BÄCKEREI BACKDECK

Skandinavisch anmutende Bäckerei, durchzogen vom Duft frisch gerösteter Bohnen – dank einer breiten Auswahl an Kaffeesorten. *Noorderpad 25 | backdeck-spiekeroog.de | Tel. 04976 2 01 00 08* | *Q1*

SHOPPEN

SPIEKEROOGER FENSTER

Ostfriesentee, hübsche Mode und liebevoll ausgewählte Accessoires gibt es in Renate Bachs Laden, der ein klei-

Aussichtsdüne: Wer oben ist, hat zum Inselblick gleich noch die Nordsee in Sicht

nes Stückchen nördlich des Dorfzentrums liegt. *Bi d'Utkiek 5 | Q1*

SPORT & SPASS

INSELBAD & DÜNENSPA

Ein Inselbad für die ganze Familie: Meerwasserbad mit Kinderspaßbecken, Saunalandschaft mit Dünenblick sowie simulierten Sonnenauf- und -untergängen. Und natürlich ein Wellnessbereich. *Saisonabhängige Öffnungszeiten | Eintritt 7 Euro | Kurzentrum | spiekeroog.de | Q1*

SEGELN

Für die ganze Familie: Schon Achtjährige können hier Jollensegeln erlernen, den Segelschein erwerben und Törns mit dem Jollenkreuzer ins Watt oder auf die hohe See unternehmen. *Tjark Westermann | Gartenweg 12 | Tel. 01621 83 33 53 | spiekerooger-segelschule.de | P1*

LESEPAVILLON

Einzigartig auf den Inseln ist der Spiekerooger Lesepavillon inmitten der Dünen. Fast jede Woche finden hier im Sommer im kleinen Kreis Lesungen statt. *Programminfo bei der Kurverwaltung | Q1*

CIRCUS TAUSENDTRAUM

Immer in den Schulferien wird der pädagogisch hochwertige Mitmachzirkus aktiv. Wer mag, schaut einfach nur zu *(Erwachsene 7 Euro, Kinder 4 Euro)*, die Kleinen können aber auch selbst zu Artisten werden, denn es gibt auch mehrtägige Zirkuskurse für Sechs- bis 15-Jährige *(ab 65 Euro)* sowie dreistündige Schnupperkurse für Vier- bis Sechsjährige *(25 Euro). Kurpark bzw. Nordseebad | Anmeldung: tausend traum.de* | *Q1*

TROCKENDOCK

Das Kinderspielhaus gleicht einem überdachten Spielplatz, bietet aber auch Kinderprogramme vom Pizzabacken bis zum Trommeln. *Noorderpad | Tel. 04976 9 19 31 01* | *Q1*

STRÄNDE

Imposante 15 km kann man spazieren gehen, um die ganze Länge des hinter einem Dünengürtel gelegenen Strands zu erleben. Nur am bewachten *Hauptbadestrand* nördlich des Ortskerns gibt es Strandkörbe und Sportangebote, der Rest ist Natur pur. Eine echte Besonderheit sind die Nachbauten historischer Badekarren, die auch als Umkleidekabine dienen.

AUSGEHEN & FEIERN

SIR GEORGE'S PUB

Mit viel Liebe zum Detail im Irish-Pub-Stil eingerichtetes Abendlokal, in dem auch Guinness, Kilkenny und Strongbow Cider vom Fass ausgeschenkt werden. Bar-Snacks gegen den Hunger. *Tgl. ab 17 Uhr | Südermenss 1* | *Q1*

OLL KARK

Gin-Liebhaber loben die moderne Bar und Kneipe für ihre große Auswahl. Die Long Drinks und Cocktails sind recht preisgünstig. Dazu gibt es Bar-Snacks wie diverse Salamipralinen. *Noorderloog 17* | €€ | *Q1*

BLANKER HANS

Gemütliche Kneipe mit Biergarten und kleiner Speisekarte; gut besucht, vorbestellen lohnt sich. *Ganzjährig tgl. ab 17 Uhr | Wüppspoor 2* | *Q1*

KINO

Mehrmals wöchentlich laufen Filme im Kursaal. Kartenvorbestellung über *spiekeroog.de* möglich. *Q1*

OLD LARAMIE ★

20 Gehminuten westlich des Dorfzentrums steht das ungewöhnlichste Lokal der sieben Inseln. Der Bau entstand vor rund 100 Jahren als erstes Warmbad der Insel für Wannenbäder mit erwärmtem Meerwasser. 1934–45 diente er als Flugplatzgebäude. Doch weil Spiekeroog längst keinen Flugbetrieb mehr hat, gibt es dort jetzt Kaffee und Kuchen, abends trifft man sich zum Bier, kickert, flippert oder spielt Billard. Manchmal auch Livekonzerte. *Tgl. 13–18 und ab 21, außerhalb der Hauptsaison ab 20 Uhr* | *Q1*

SCHÖNER SCHLAFEN AUF SPIEKEROOG

AUS DESIGNERHAND

Maßgefertigte Möbel, geölte Massivholzböden, harmonische Wandfarben: Dass bei der Gestaltung der fünf Apartments Designer am Werk waren, spürt man sofort. Nicht günstig, dafür aber lässt es sich kaum irgendwo sonst stilvoller schlafen als in der *Herberge am Meer (Tranpad 2a | Tel. 04976 4 45 10 11 | herber ge-am-meer.de* | €€€ | *Q1).*

WANGEROOGE

NATÜRLICH & WILD

Den Urlaub im eigenen Land genießen und dennoch der weiten Welt ganz nah sein – das ist auf Wangerooge *(▯ S–U1)* leicht. Tanker, Containerriesen und Kreuzfahrer passieren die Insel (gut 1300 Ew.) so nah, dass sie auch bei mäßiger Sicht gut zu erkennen sind. Drei Schifffahrtswege staffeln sich hier: die Einfahrt in den Jadebusen mit dem Jade-Weser-Port, die Zufahrt zur Weser und – weiter draußen – die Seefahrtsstraße nach Hamburg.

Am Strand von Wangerooge schlägt noch eine Uhr die Stunde

Nicht immer hat die exponierte Lage Glück gebracht: So stehen hier nur wenige alte Häuser wie der Bahnhof von 1906. Auch nagten immer wieder Sturmfluten an der Insel, zuletzt 2017 und 2020. Sie haben die Stranddünen an vielen Stellen abgetragen, sodass Wangerooge als einziges Dorf der Inseln fast unmittelbar am Badestrand liegt. 2012 begann die Umgestaltung der westlichen Strandpromenade inklusive moderner Ferienanlagen. Für wilde, ursprüngliche Natur blieb trotzdem noch viel Platz.

WANGEROOGE

Straße zum Westen
Jan Seedorf
Westgrodendeich
5 Neuer Leuchtturm
3 km, 9 Min.
3,5 km, 40 Min.
6
Westturm
Wangerooge
300 m
328 yd

MARCO POLO HIGHLIGHTS

★ **INSELMUSEUM ALTER LEUCHTTURM**
Lokale Sammlerobjekte im Alten Leuchtturm ➤ S. 110

★ **WESTTURM**
Die originellste Jugendherberge der Ostfriesischen Inseln ➤ S. 111

★ **KATHOLISCHE KIRCHE**
Beeindruckende Sakralkunst ➤ S. 111

★ **CAFÉ PUDDING**
Rund wie ein Pudding ist das Café, in dem du Kuchen mit Blick auf dicke Pötte genießt ➤ S. 112

Der Westturm ist das Wahrzeichen, die Inselbahn das Hauptverkehrsmittel Wangerooges

SIGHTSEEING

1 INSELMUSEUM ALTER LEUCHTTURM ★

Wer die 161 Stufen des 39-Meter-Turms erklimmt, hat an klaren Tagen einen Blick bis zum 43 km entfernten Helgoland. Das 1856 fertiggestellte, schwarz-rot-weiße Bauwerk nahe dem Bahnhof ist das älteste der Insel. Bis 1896 trug der Turm ein Petroleumfeuer, dann elektrische Bogenlampen. Mit Inbetriebnahme des vollelektrischen Leuchtturms im Westen Wangerooges verlor er 1969 seine Funktion für die Schifffahrt. 1972 wurde er zunächst als Aussichtsturm zugänglich, seit 1980 beherbergt er ein Heimatmuseum. In der früheren Wachtstube kann man sich sogar trauen lassen. Und im Vorgarten steht u.a. eine 1929 erbaute Dampflok der Inselbahn, die bis 1955 stattliche 353 025 km zurücklegte. *Wechselnde Öffnungszeiten | Bahnhofstraße | leuchtturm-wangerooge.de |* *T1*

2 ROSENHAUS, POTTWAL-SKELETT & PARK

Für die Tiere war es tragisch, aber dem *Nationalparkhaus Rosenhaus* bescherte es eine neue Hauptattraktion: 2016 wurden am Ostende der Insel zwei tote Pottwale angespült. Das imposante, 12 m lange *Skelett* eines der beiden Wale steht heute vor dem Rosenhaus. Es ist zu groß, um es im Inneren zu zeigen, wo eine kleine Ausstellung über Tiere, Pflanzen und Ökologie im Watt aufklären.

Mehrmals täglich werden Filme gezeigt, außerdem bietet das Nationalparkhaus Vorträge, Wanderungen und Fahrradtouren sowie Kinderstunden an. Veranstaltungspläne hängen im Ort aus.

Sehenswert ist auch der schon 1928 angelegte kleine *Park* mit weiter Rasenfläche und schönen Rosenbeeten. Er wird durch den *Musikpavillon*, in dem bei gutem Wetter während der Saison die Kurkonzerte stattfinden, zum Kurpark der Insel. *16. März–Okt.*

Di–Fr 9–13 und 14–18, Sa/So 10–12 und 14–17, Nov.–15. März Di–Fr 10–13 und 15–17, Sa/So 14–17 Uhr | Eintritt frei | Friedrich-August-Str. 18 | Tel. 04469 83 97 | nationalparkhaus-wangerooge.de | *T1*

3 KATHOLISCHE KIRCHE ★

In der 1961 sehr gradlinig gebauten, Kirche *St. Willehad* faszinieren die vielen Fenster mit farbigen Glasmosaiken, mit denen der Maler Rudolf Krüger biblische Ereignisse ins Gedächtnis ruft. Thema der in glühendem Rot gehaltenen Nordwand sind die Kreuzwegstationen. Die Südwand zeigt biblische Motive, die mit dem Wasser in Verbindung stehen, darunter Adam und Eva, Noah in der Arche sowie Jonas im Maul des Walfischs. *Tagsüber geöffnet | Westingstraße |* *T1*

4 KRIEGSGRÄBERSTÄTTE

Mal ein Blick zurück in die Vergangenheit: In einem Dünental am Fußweg zum Westen birgt ein Kiefernwäldchen eine kreisrunde Gedenkstätte, in der kleine Ziegel und große Sandsteinplatten die Namen von Kriegstoten verkünden, die hier bestattet sind: deutsche Soldaten und Opfer des Bombenangriffs vom 25. April 1945 sowie etwa 60 der insgesamt über 800 ausländischen Zwangsarbeiter, die ab 1940 zum Bau des Flugplatzes und anderer militärischer Anlagen auf der Insel eingesetzt waren. Sie stammten aus Polen, der Sowjetunion, Frankreich, Belgien, Holland und Marokko. *Tagsüber frei zugänglich | Fußweg zum Westen |* *S1*

5 NEUER LEUCHTTURM

Das höchste Bauwerk der Insel ist mit 67,2 m der 1969 in Betrieb genommene neue, vollautomatisch arbeitende Leuchtturm. Die Lichter auf Höhe der unteren Plattform dienen der Schifffahrt im Nahbereich; der alle 4,9 Sekunden aufblinkende rote Lichtstrahl ganz oben leuchtet 56 km weit in die Deutsche Bucht hinein. *Innenbesichtigung und Besteigung nicht möglich | am Weg von der Saline zum Alten Westturm |* *S1*

6 WESTTURM ★

Das weithin sichtbare Wahrzeichen Wangerooges erhebt sich seit 1933 über 56 m hoch am Westende der Insel. Es ist die Heimat einer der originellsten deutschen Jugendherbergen. 124 Eisenbetonpfähle von 6 m Länge und 30 cm Dicke bilden das Gerüst für den Turm, der aus etwa einer halben Million Klinkersteinen erbaut wurde. In seinen Grundformen ist er ein Nachbau des alten Wangerooger Westturms aus der Zeit um 1600. Wegen seiner Bestimmung als Jugendherberge musste er jedoch zahlreiche Fenster erhalten.

Der alte Westturm mit seinen bis zu 2,20 m dicken Mauern trotzte allen Sturmfluten und diente bis 1914 über 300 Jahre lang den Schiffern als markantes Seezeichen. Er war auf Drängen der Bremer Kaufmannschaft zwischen 1597 und 1602 entstanden. Sie benötigte einen Ersatz für den 1595 endgültig eingestürzten Turm der Nikolaikirche im ersten Wangerooger Dorf. Im Schatten des Turms lag Anfang des 17. Jhs. Wangerooges zwei-

Café Pudding, rund wie die hier servierten Süßspeisen und der Panoramablick

tes Dorf. Der Turm selbst wurde als Gefängnis und Lager für Strandgut, für Wohnzwecke und als Kirche genutzt. Sein Ende kam Weihnachten 1914: Man sprengte ihn, damit er feindlichen Schiffen nicht als Orientierung dienen konnte.

Der alte Westturm stand nicht an der Stelle des heutigen. Seine Fundamente sind bei Niedrigwasser an einer Buhne schräg gegenüber vom Landschulheim der Stadt Hamm im Nordwesten zu sehen. *Westturm nur für Jugendherbergsgäste zugänglich, sonst keine Innenbesichtigung möglich* | *S1*

7 ALTER OSTANLEGER

Eine Tour in den einsamen, naturbelassenen Osten der Insel ist ein schöner Kontrast zum quirligen Westen – und zugleich ein Ausflug in die jüngere Geschichte: Von 1904 bis 1958 gab es am Ostzipfel einen tideunabhängigen Fähranleger, der u.a. von Wilhelmshaven angelaufen wurde. Ein inzwischen abgebauter 5,4 km langer Abschnitt der Inselbahn verband ihn mit dem Dorf. Zeitweise erreichte ein Großteil der Urlauber von hier die Insel. Doch der Anleger versandete und wurde aufgegeben. Heute stehen nur noch bizarre Reste der hölzernen Gleisbrücke, die ein geisterhaftes Fotomotiv abgeben. Manchmal machen Boote hier fest und lassen sich bei Ebbe trockenfallen. *U1*

INSIDER-TIPP
Bizarre Spuren der Vergangenheit

ESSEN & TRINKEN

CAFÉ PUDDING ★

Früher ein Bunker, heute ein Café: In dem kreisrunden Bau am Schnittpunkt zwischen der Haupteinkaufsstraße der Insel und der Strandpromenade genießt du zu Kaffee und Kuchen (aus der hauseigenen Konditorei), aber auch zum Mittag- und Abendessen einen großartigen Pano-

ramablick auf den Strand und das Meer. *Mo geschl. | Zedeliusstr. 49 | Tel. 04469 220 | cafe-pudding.de | €€ | T1*

INSELBÄCKEREI KRUSE

Besonders stolz sind die Bäcker auf ihre *Seelen*, eine leckere Brötchenspezialität. An drei Terrassentischen kann man Kuchen und belegte Brötchen auch im Sitzen verzehren. *Zedeliusstr. 18 | Tel. 04469 221 | € | T1*

FISCHRESTAURANT KRUSE

Gute Portionen und SB-Service. Besonders lecker: der gekochte Schellfisch! Neben frischem Fisch werden auch Fleischgerichte serviert. *So geschl. | Elisabeth-Anna-Str. 15–17 | Tel. 04469 1414 | fischrestaurant-kruse.de | € | T1*

STRANDLUST

Wohltuend modernes Restaurant mit Meerblick und Sonnenterrasse. Auf der Mittagskarte stehen u. a. Lammburger und Flammkuchen mit Krabben, auf der Abendkarte das typische Seemannsgericht Labskaus. Kleine Portionen heißen hier „Damenportionen". Im gleichen Haus kann man später in der *Giftbude* auch gute Cocktails genießen. *Mi geschl. | Obere Strandpromenade 27 | Tel. 04469 6539033 | strandlust-wangerooge.de | mittags €, abends €€€ | T1*

NEUDEICH

Gemütliches Ausflugslokal mit schöner Terrasse und freundlichem Wirt im Osten der Insel. Das Neudeich ist bekannt für große Portionen und leckere Schnitzel – genau richtig nach einer Tour ans Inselende. Nachmittags große Kuchenauswahl und Eis. *Di geschl. | Im Osten 1 | Tel. 04469 272 | neudeich.cafe | €€ | T1*

JAN SEEDORF

Außerhalb des Dorfs isst du friesische Spezialitäten wie Krabbenomelett, Bad Zwischenahner Brataal, Aalsuppe und Speckpfannkuchen, stets frisch zubereitet. Am besten vorher reservieren. *Mo–Mi geschl. | Straße zum Westen 17 | Tel. 04469 387 | janseedorf.de | €€€ | T1*

SHOPPEN

INSELSTUDIO

Hier findet man originellen, oft auch inselbezogenen Gold- und Silberschmuck aus eigener Herstellung. *Zedeliusstr. 34 | goldschmiedewangerooge.de | T1*

Hier ist Kreativität gefragt: Malseminare

COLLAGE GALERIE

In der Galerie zeigt die Künstlerin Monika Pfloghöft Aquarelle und Gemälde, Sgraffitobilder, Leporellos, Texte, Porzellan und Schmuck – alles eigene Arbeiten. *Charlottenstr. 25 | ploghoeft.de | T1*

DEICHWORK VINTAGE DESIGN WANGEROOGE

Stylisches Geschäft, das nicht weniger stylische Urlaubssouvenirs rund um die Jahreszahl 1804 verkauft – das Datum, an dem Wangerooge zum Seebad wurde. Das Design stammt von der Insel, die Textilien werden klimaneutral hergestellt und bestehen zum großen Teil aus Biobaumwolle. *Zedeliusstr. 22 | deichwork.de | T1*

SPORT & SPASS

BILDHAUERN

Vor allem in den Sommerferien bietet die Künstlerin Martina Wilmering für Erwachsene und Kinder ab acht Jahren Bildhauerkurse von 135 Min. Dauer an. Gearbeitet wird vorwiegend mit Materialien wie Alabaster und Speckstein. *Stein-Zeit-Atelier | Am Wattenmeer 8 | Tel. 04469 16 97 | T1*

MALEN

Fünftägige Malseminare veranstaltet die Designerin Annemarie Heinken mehrmals jährlich. In den Sommerferien stellt sie ihr Studio auch auswärtigen Kreativkünstlern zur Verfügung, die dann z. B. Kurse im Filzen, in der Schmuckherstellung oder verschiedenen Drucktechniken anbieten. Das ganze Sommerhalbjahr über können zudem Kinder im angeschlossenen Bastelstudio aktiv werden. *Palette | Strandpromenade West | Tel. 04469 9 92 43 | wangerooge.de | T1*

BUNGEE-JUMPING

Das eigenwillig-auffällige Gerät am westlichen Ende der Unteren Strandpromenade ist eine nette Variante des gewöhnlichen Trampolins. Bis zu vier Hüpfer hängen hier gleichzeitig in den Seilen und springen auf und ab. Mitmachen kann jeder, der zwischen 15 und 100 kg wiegt; anders als beim echten Bungee-Sprung ist aber kein Mut erforderlich, sondern nur allgemeine Gesundheit. Die maximale Fallhöhe beträgt nur 7 m. *April–Sept. | untere Strandpromenade am Hauptstrand Westfeld | 🕮 T1*

GOLF

Der 2007 gegründete Golfclub Wangerooge betreibt auf dem Flughafengelände einen 9-Loch-Platz und wirbt mit „besonders interessant geschnittenen Bahnen". Angeboten werden auch Trainingskurse für Kinder. *Tgl. ab 10 Uhr | Siedlerstraße (östlich vom Flugplatz) | Tel. 01525 6202269 | golf-wangerooge.de | 🕮 T1*

STRÄNDE

Drei Strände stehen auf Wangerooge zur Auswahl. Der *Bade- und Burgenstrand* liegt direkt nördlich vom Inseldorf und ist sehr familienfreundlich. Am *Surfstrand* etwas weiter westlich regieren die Wassersportler, und am *Hundestrand* in Richtung Osten dürfen sich Vierbeiner austoben.

WELLNESS

MEERWASSER-FREIZEITBAD OASE

Das Hallenbad an der Strandpromenade wurde 1994 um ein beheiztes Freibad ergänzt. Im überdachten 25-m-Becken wird das Wasser auf 28 Grad erwärmt. Für Freizeitspaß sorgen heiße Geysire, blubbernde Whirlpools und eine 70 m lange Wasserrutsche, dazu ein Kinderplanschbecken, Sauna und Solarien. *Saisonabhängige Öffnungszeiten | Uferpromenade | Tel. 04469 99173 | 🕮 T1*

AUSGEHEN & FEIERN

KOGGE

Wenn als „Cocktail of the Day" Bier angepriesen wird, ist eigentlich alles Nötige gesagt. Angenehm entspannte Bar und Kneipe, in der man bei gutem Wetter draußen sitzen kann. *Tgl. | Zedeliusstr. 20 | 🕮 T1*

TREIBSAND

Café, abends Bistro und Kneipe mit Terrasse auf der Flaniermeile; Treffpunkt bis zum frühen Morgen. In der Hauptsaison treten Bands auf, die meist Oldies spielen. Guinness vom Fass, sehr leckerer Kakao, Großbildleinwand für Sportübertragungen. *Tgl. 10–2 Uhr, ab 18 Uhr Raucherlokal, im Winter So geschl. | Zedeliusstr. 32 | 🕮 T1*

KINO

Nach amerikanischem Vorbild eingerichtetes Kino im *Hotel Hanken* mit mehreren Vorstellungen täglich. Nachmittags laufen stets Kinderfilme. *April–Okt. und zum Jahreswechsel | Zedeliusstr. 38 | Tel. 04469 8770 | 🕮 T1*

SCHÖNER SCHLAFEN AUF WANGEROOGE

TURMBLICK AM STRAND

Preiswert, originell und in bester Strandlage wohnst du in der *Jugendherberge (Zum Westen 38 | Tel. 04469 439 | jugendherberge.de/jh/wangerooge | 🕮 T1 | €)* im imposanten Westturm und dem modernen Neubau direkt davor. Alle 51 Zimmer besitzen Dusche und WC.

ERLEBNIS TOUREN

Lust, die Besonderheiten der Region zu entdecken? Dann sind die Erlebnistouren genau das Richtige für dich! Ganz einfach wird es mit der MARCO POLO Touren-App: Die Tour über den QR-Code aufs Smartphone laden – und auch offline die perfekte Orientierung haben.

1 SCHÖNER TAGESMARSCH ÜBER DAS KLEINE BALTRUM

- ➤ Die kleinste der ostfriesischen Inseln bequem zu Fuß erkunden
- ➤ Singen, Kajakfahren und Cobigolfen
- ➤ Und zum Schluss ins Sturmeck

Start: Hafen Baltrum
Ziel: Sturm-Eck
Strecke: 6 km
Dauer: 1 Tag, reine Gehzeit knapp 2 Stunden

Für die Planung der Tour: Das Dünensingen findet stets Mo–Fr 10.45 Uhr am 5 Sportpodest statt. Alle Angebote nur von Ostern bis Oktober

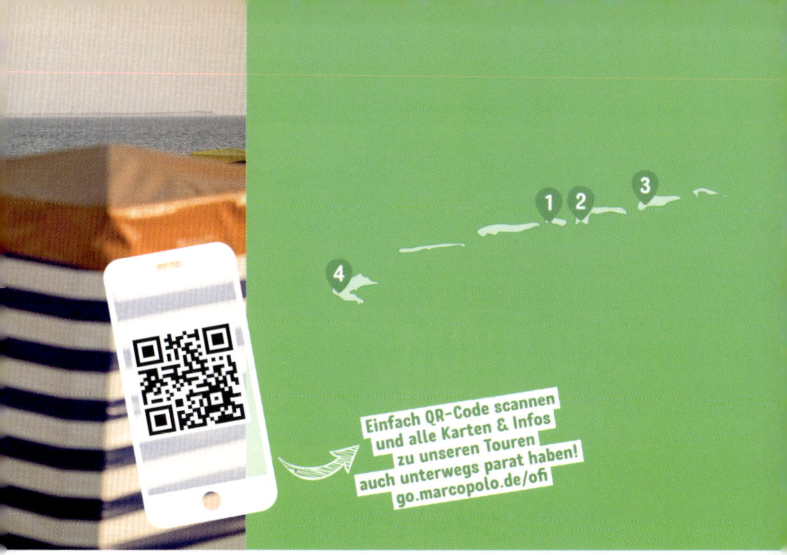
1
2
3
4
Einfach QR-Code scannen
und alle Karten & Infos
zu unseren Touren
auch unterwegs parat haben!
go.marcopolo.de/ofi

Wo die Containerschiffe vorbeiziehen: Strand von Borkum

VOM KLEINEN INSELDORF ZUM STRAND

Vom ❶ **Hafen Baltrum** *geht es zunächst an der Touristinfo vorbei zum Süderpad. Rechter Hand steht hier das* ❷ **Nationalpark-Haus ➤ S. 81**, das interessante Infos bereithält. *Nur wenige Schritte sind es ins Ortszentrum zur* ❸ **Alten Inselkirche ➤ S. 80**, deren hölzerner **Glockenstuhl** als Inselwahrzeichen gilt. *Weiter führt die bescheidene Haupteinkaufsstraße zum Platz vor der Kurverwaltung*, wo man sich in einem kleinen Dünental vor den Reetdachhütten des Imbisslokals ❹ **Mittendrin Fisch** *(Haus 141 | Westdorf)* mit einem Fischbrötchen stärken kann. *Weiter geht es danach auf der Strandpromenade gen Osten.* Wer vorausplant, erreicht gegen 10.45 Uhr das ❺ **Sportpodest** und kann sich dem offenen Dünensingen anschließen.

Viel Spaß macht es, die Insel vom Wasser aus zu genießen. Also auf zu der benachbarten ❻ **Kajakvermietung Uwe Wietjes** *(Tel. 0176 70421703 | kajak-baltrum.de)*, um für ein oder zwei Stündchen ein kippsicheres Einer- oder Zweierkajak zu mieten und in See zu stechen. Das macht hungrig. Nun ist es vermutlich Zeit für einen späten Mittagsimbiss im nahen ❼ **Strandcafé ➤ S. 83**. Wer danach noch eine Tasse Ostfriesentee

❶ **Hafen Baltrum**
280 m 4 Min.

❷ **Nationalpark-Haus**
200 m 3 Min.

❸ **Alte Inselkirche**
400 m 6 Min.

❹ **Mittendrin Fisch**
700 m 10 Min.

❺ **Sportpodest**
30 m 1 Min.

❻ **Kajakvermietung Uwe Wietjes**
150 m 2 Min.

❼ **Strandcafé**
1000 m 15 Min.

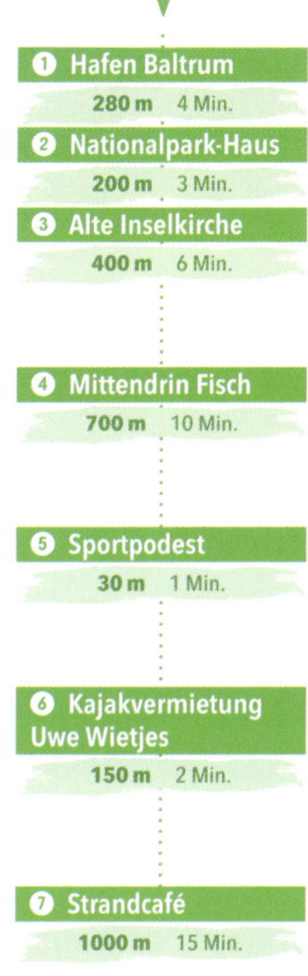

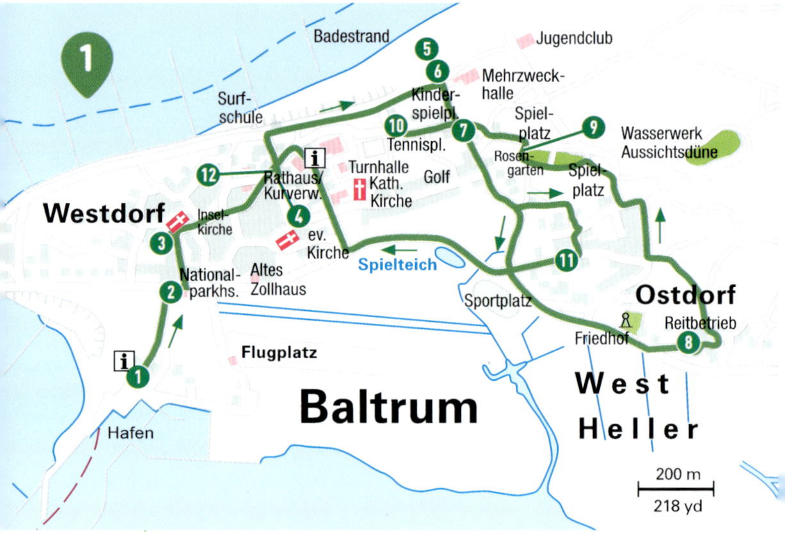

8 Café Kluntje	
1000 m	15 Min.

9 Rosengarten	
400 m	7 Min.

schlürfen will, macht sich auf den kurzen *Weg ins Alte Ostdorf* zum 8 **Café Kluntje** ➤ S. 81. *Zurück geht es durch den liebevoll angelegten Kurpark* 9 **Rosengarten**, der zwar klein ist, aber dafür eine herrliche Oase der Ruhe. *Nun führt die Tour am Strandcafé vorbei bis*

Willkommen auf Baltrum! Mit „Moin, Moin" begrüßt man sich hier den ganzen Tag über

zum ⑩ Cobigolfplatz ➤ S. 82. Nach einer Spielrunde dort unter schattigen Bäumen wird es für die, die über Nacht auf der Insel bleiben, Zeit zum Abendessen. Das ⑪ Sealords ➤ S. 81 im Ostdorf ist dafür eine besonders gute Adresse. Zu später Stunde geht man einfach dahin, wo auch viele Einheimische den Tag beschließen: ins Bier- und Weinlokal ⑫ Sturm-Eck ➤ S.83 *im Westdorf.*

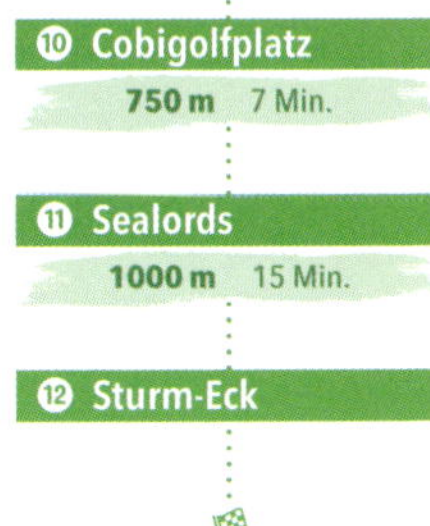

② VOM TIEFEN WESTEN IN DEN FERNEN OSTEN: LANGEOOG PER RAD

- Sportlich oder entspannt: mit Muskelkraft oder E-Antrieb
- Auf Du und Du mit schottischen Hochlandrindern
- Nicht nur Silbermöwen: Wissenswertes zum Vogel- und Naturschutz

Start: Fahrradverleih am Bahnhof

Ziel: Fahrradverleih am Bahnhof

Strecke: ca. 24 km

Dauer: 7 Stunden, reine Fahrzeit ca. 2 Stunden

Info: Langeoog-Urlauber übernehmen ihr Fahrrad besser schon, bevor ab 10.30 Uhr die Tagesausflügler vom Festland am Bahnhof eintreffen.
Die einzige öffentliche Toilette außerhalb des Orts befindet sich an dieser Strecke in der ⑤ **Meierei** *(Di und im Winter geschl.).*

ÜBER SCHLEICHWEGE DURCHS DORF

Los geht's beim ① Fahrradverleih am Bahnhof *(Lüttje Pad 3 | Tel. 04972 99 03 11)*, um sich ein Rad auszuleihen. Da die beiden größten Straßen des Inselstädtchens, die Haupt- und die Barkhausenstraße, zwischen März und Oktober 10–12.30 und 16–18 Uhr für Fahrräder gesperrt sind, beginnt die Tour auf Schleichwegen. *Fahr den Lütje Pad bis ans Ende, bieg rechts in den*

❷ Vogelwärterhaus
30 m 1 Min.

❸ Bänke
4,5 km 30 Min.

❹ Infohütte Osterhook
2,5 km 18 Min.

Vormann-Otten-Weg ein, dann links Am Wall, dann rechts in die Gartenstraße, an deren Ende links in den Polderweg und die erste rechts in die Willrath-Dreesen-Straße. Schon bist du aus dem Ort heraus, radelst an den Dünen entlang und überquerst den Seedeich. Gleich hinter der Jugendherberge grasen meist schottische Hochlandrinder. Die Tiere sind das ganze Jahr über draußen, bewahren die feuchten Wiesenflächen zum Nutzen von Orchideen und Brutvögeln wie Kiebitz und Uferschnepfe vor Verbuschung. *Kurz darauf steht links des Wegs* das 2015 errichtete **❷ Vogelwärterhaus** *(tgl. 9–18 Uhr)* mit vielen Infos zur artenreichen Vogelwelt sowie zum Küsten- und Naturschutz auf der Insel. Auf der Düne gleich dahinter warten **❸ Bänke** für eine aussichtsreiche Rast. *Vorbei an der Meierei, hinter der es nun schmaler wird, geht es weiter, bis der Weg direkt an einem kleinen Sandstrand endet. Hier bleiben die Fahrräder stehen. Zu Fuß sind es über den Strand nun noch etwa 600 m bis zur* **❹ Infohütte Osterhook** am Ostende der Insel. Auf den Sandbänken zwischen Langeoog und Spiekeroog sind meist Tausende von Vögeln zu sehen. Spiekeroog ist so nah, dass man dort die Strandspaziergänger mit bloßem Auge deutlich erkennen kann. Ein kostenlos zu nutzendes Fernrohr holt auch die Vögel noch näher heran.

Im reetgedeckten Sonnenhof wohnte früher mal die Sängerin Lale Andersen

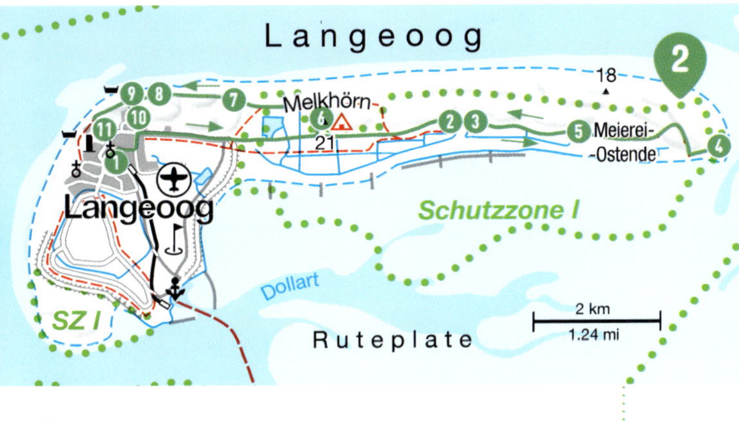

DÜNEN OHNE ENDE

Auf dem Rückweg ist es nun Zeit für eine Pause in der ❺ Meierei ➤ S. 93. Je nach Wetter sind vielleicht ein Glas heißer Sanddornsaft aus eigener Ernte oder ein Glas kühle Milch von den hofeigenen Kühen angebracht. *Bis zur Jugendherberge ist der Rück- mit dem Hinweg identisch. Hinter der Jugendherberge und der Zufahrt zum Zeltlager der Landessportjugend Niedersachsen biegt man dann nach rechts ein und unternimmt den kurzen, ausgeschilderten Schlenker zur* ❻ Melkhorndüne ➤ S. 91. Erst den Rundumblick über die Insel bis hinüber zum Festland genießen, dann geht es unmittelbar *am Dünenrand entlang nach Westen und an der Kreuzung geradeaus weiter.* Schon kommt das ❼ Pirolatal ➤ S. 90 in Sicht. Leichte Steigungen und Kurven vermitteln einen Hauch von Berglandgefühl, während man durch die abwechslungsreiche Dünenlandschaft bis zum ❽ Strandzugang 10 radelt. Wer hier absteigt und ein paar Schritte geht, sieht auf dieser Tour zum ersten Mal die offene See. Bei Sonnenschein lohnt es sich, ein, zwei Stündchen im warmen Sand zu entspannen oder bei Hochwasser eine Runde im Meer zu schwimmen.

Vorbei an dem einfachen Sommerlokal Dünen-Oase gelangt man zu einer T-Kreuzung. Hier lohnt ein etwa 200 m langer Abstecher nach links, der zum ❾ Dünenfriedhof ➤ S. 90 und dem ❿ Sonnenhof führt, dem

❺ Meierei
4,5 km 30 Min.

❻ Melkhorndüne
1,8 km 10 Min.

❼ Pirolatal
1,5 km 8 Min.

❽ Strandzugang 10
600 m 4 Min.

❾ Dünenfriedhof
150 m 2 Min.

❿ Sonnenhof
900 m 8 Min.

heute als Ferienhaus genutzten ehemaligen Wohnhaus von Lale Andersen. *Weiter geht es über die Höhenpromenade parallel zum Strand,* die dich direkt zum ⓫ Atelier Anselm am Meer ➤ S. 93 führt. Hier kannst du schöne Souvenirs erstehen und Inselkunst betrachten. *Anschließend fährst du über den Warmbadweg in den Ort hinein und kommst über die Barkhausenstraße zurück zum* ❶ Fahrradverleih am Bahnhof.

❸ ZU FUSS ÜBER SPIEKEROOGS STRAND, PER PFERDEBAHN ZURÜCK

- **Ein Dünengürtel, der sich sehen lassen kann**
- **Deutschlands einzige Museumspferdebahn**
- **Saunabesuch zum Sonnenuntergang**

Hafen Spiekeroog — De Balken

7,5 km — 7 Stunden, reine Gehzeit ca. 2 Stunden

Einige Attraktionen sind nicht ganzjährig zu erleben: **❷ Biomaris, ❻ Old Laramie, ❼ Museumspferdebahn, ❿ InselBad & DünenSpa** (detaillierte Öffnungszeiten s. Kapitel Spiekeroog ab S. 96)

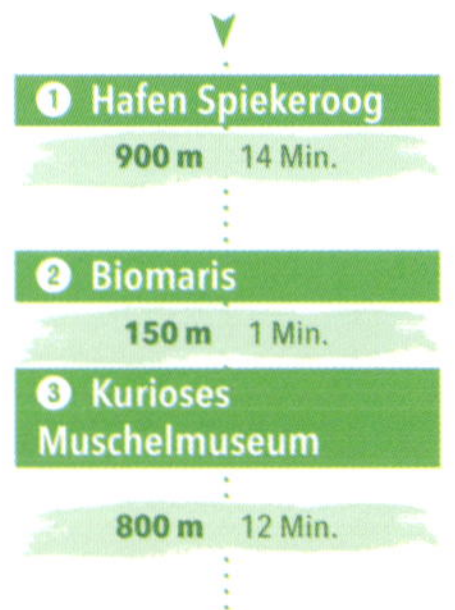

DEM BLICK DES UTKIEKERS FOLGEN

Vom Startpunkt der Tour im ❶ Hafen Spiekeroog *ist es nur ein kurzer Weg bis zum* Haus des Gastes *am Dünenrand auf der anderen Seite des Dorfs.* In einem der Läden von ❷ Biomaris ➤ S. 32 kann man erst mal einen Schluck Nordsee verinnerlichen, also ein Glas Meerestiefwasser trinken. Danach fördert ein Kurzbesuch im ❸ Kuriosen Muschelmuseum ➤ S. 101 im Haus des Gastes die gute Laune. *Von dort wendest du dich nach rechts und biegst in den breiten, gepflasterten Nordertun ein, der den über 600 m breiten Dünengür-*

tel zwischen Dorf und Strand durchquert. Hier wächst auch viel Heide, Solitärkiefern verleihen der Landschaft einen ganz besonderen Reiz. *Ein nur 120 m langer Abstecher führt vom Hauptweg zum* ❹ **Utkieker**. Die große Bronzeskulptur, die an Werke des Künstler Giacometti erinnert, wacht seit 2007 kunstvoll über die Insel. **In einem Glaskasten liegt ein Fernglas bereit.** *Der Hauptweg erreicht kurz darauf die Strandhalle* mitsamt ihrer ❺ **Eisdiele**. Zeit für eine Kugel oder auch zwei.

INSIDER-TIPP
Bessere Weitsicht

❹ **Utkieker**
300 m 3 Min.

❺ **Eisdiele**
2400 m 35 Min.

Geh noch nicht zum Strand hinunter, sondern schwenk nach links auf den Dünenrandweg ein. Nachdem dieser sich landeinwärts gewendet hat, führt sogleich ein zweiter Weg zum Strand hinunter. Am breiten Strand geht es nun entlang des Ufers nach Westen. Muscheln und Meeresschneckengehäuse, vielleicht auch der Schulp eines Kalmars liegen am Wassersaum. Auf die unmittelbar vorgelagerte Sandbank sollte man auch bei Niedrigwasser nicht wechseln, denn das gilt als sehr gefährlich. Dafür kann man sich am Dünenrand wunderbar windgeschützt sonnen. *Nach ca. 1,5 km* steht

Ein Stopp im Inselcafé muss sein: Die hausgemachten Torten sind einfach zu köstlich!

6 Old Laramie
85 m 1 Min.

7 Museumspferdebahn
1700 m 12 Min.

8 Inselcafé
550 m 8 Min.

9 Tennisplätze
120 m 2 Min.

10 Inselbad & Dünenspa
500 m 7 Min.

11 De Balken

landseitig ein hoher Sendemast. Hier führt der Strandübergang zur legendären Ausflugsgaststätte **6 Old Laramie** ➤ S. 105 mit ihren Caféterrassen in den Dünen. Kurz nach 15 Uhr geht es von hier mit der **7 Museumspferdebahn** ➤ S. 101 ins Dorf zurück.

SANDDORNTORTE UND DÜNENSAUNA

Fünf Minuten vom Bahnhof entfernt bietet das **8 Inselcafé** ➤ S. 103 köstliche Sanddorntorte und Ostfriesentee. Wer auf Spiekeroog wohnt, kann nun sportlich weitermachen: Zunächst kann man auf den *wunderschön zwischen den Dünen liegenden* **9 Tennisplätzen** gleich neben dem Haus des Gastes ein Match austragen, danach ein paar Bahnen im **10 Inselbad & Dünenspa** ➤ S. 104 schwimmen und anschließend in der Sauna entspannen. Auf der Terrasse des Bads lässt sich auch der Sonnenuntergang bestens erleben. Zum Abendessen ist das Restaurant **11 De Balken** ➤ S. 103 *im Noorderloog* zu empfehlen, wo der viel als Dekoration benutzte Strandhafer noch einmal an den dünenreichen Tag erinnert. Lamm- und Rindersteaks schmecken hier besonders gut.

❹ STADT, LAND, MEER: MIT DEM RAD AUF BORKUM UNTERWEGS

- Durch Sümpfe, Wälder und Heide radeln
- Ein Zaun aus Walfischkiefern
- Waldlehrpfad: Was wächst denn da?

Radverleih Borkumer Kleinbahn

Ria's Beach

ca. 20 km

9 Stunden
reine Fahrzeit
1,5–2 Stunden

Achtung: ❻ **Düne 2 ist** im Winter geschlossen, Kaffee gibt es dann im Flughafenterminal.

ÜBER 308 STUFEN ZUR WEITSICHT

Sein Fahrrad oder E-Bike für diesen Tag übernimmt man direkt im Bahnhof beim ❶ **Radverleih Borkumer Kleinbahn** *(Tel. 04922 309332), folgt dann dem Schienenstrang bis zum Ende, biegt nach links ab und steht vor dem* ❷ **Neuen Leuchtturm** ➤ S. 45. Wer die 308 Stufen erklimmt, den liegt die ganze Insel zu Füßen. Auch die Häuser des Ostlands, dem entferntesten Tagesziel, sind gut zu erkennen. *Dann geht es hinauf zur Strandpromenade des* ❸ **Nordstrands** *und auf ihr nach rechts. Schon nach 500 m gibt es viel zu sehen:* Hier an Deutschlands nordwestlichstem Strand dürfen Drachen steigen, rasen die mit GPA-Lizenz zu mietenden Beachbuggys und Strandsegler über den Sand. *Du verlässt die Strandpromenade, passierst die Knappschaftsklinik und gelangst über die Boeddinghausstraße zur Hindenburgstraße und auf ihr weiter nach Osten. Bald schon kommt die Einfahrt zum* ❹ **Insel-Camping** ➤ S. 49. Gleich links vom Eingang ist eine eigenartige Spielfläche zu sehen, wo man Pit-Pat spielen kann, eine Art Hindernisbillard. Tickets gibt es an der Campingplatzrezeption.

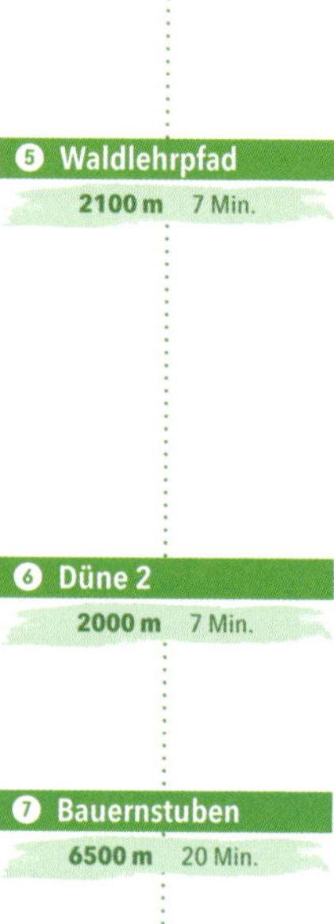

LEHRREICHE TAFELN, VERWUNSCHENE SÜMPFE & HOCHLANDRINDER

⑤ Waldlehrpfad
2100 m 7 Min.

⑥ Düne 2
2000 m 7 Min.

⑦ Bauernstuben
6500 m 20 Min.

Weiter geht es Richtung Osten, 300 m hinter der Bushaltestelle Upholmshof zweigt nach links ein schmaler, gepflasterter Weg ab, ein grüner Wegweiser trägt die Aufschrift „Na't Ostland". Nach der Überquerung einer schmalen Straße wird der Weg zum **⑤ Waldlehrpfad**. Dutzende von Tafeln erklären, was am Wegesrand wächst und gedeiht. Wo dieser Waldlehrpfad nach links Richtung „Waterdelle" abbiegt, *folg ihm und radle durch eine verwunschene Sumpflandschaft bis zu einer Schutzhütte. Von dort geht es nun entsprechend dem Wegweiser „Rundweg Waterdelle" zwei Dünen hinauf, um dann an einer Gabelung den Waldlehrpfad zu verlassen und geradeaus weiterzufahren. Bald schon ist der Inselflughafen erreicht.* Vom Café **⑥ Düne 2** **➤ S. 46** aus lässt sich der Flugbetrieb eine Weile beobachten. *Vom Terminalgebäude aus folgst du dem Wegweiser „Unter de Hinterwall" und bist nach gut 10 Minuten auf einem rötlichen Erdweg im Ostland.* Zeit für ein Mittagessen in den **⑦ Bauernstuben** **➤ S. 46**. Auf den kleinen Koppeln rund ums Haus stehen Esel, Pferde und Ponys, die sich meist gern streicheln lassen. *Folge dem*

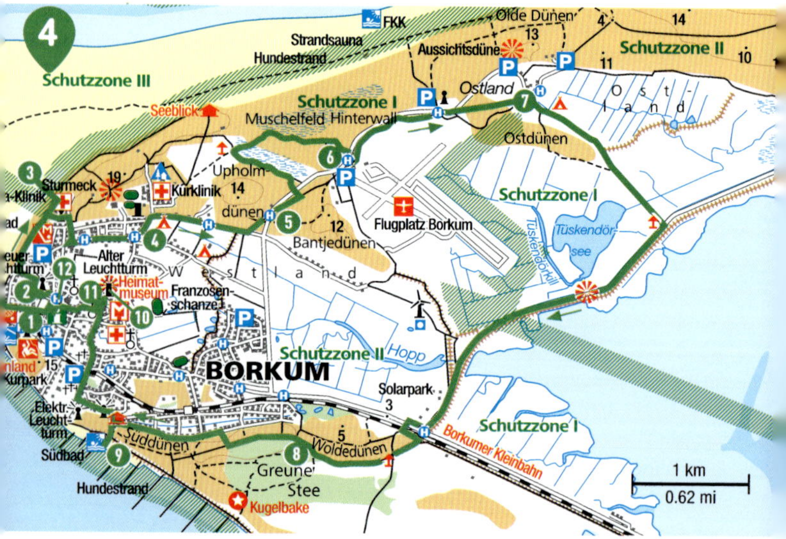

Bis zu 2 m lange Kieferknochen wurden zum Walfischzaun in der Kirchstraße

Wegweiser zum Seedeich, wo Hochlandrinder und Schafe grasen. Mit schönem Blick auf den ganz nahen Tüskendörsee geht es am Deich entlang auf langer Gerade, *über die zum Hafen führende Reedestraße hinweg zur* **8 Greune Stee** ➤ S. 45. Durch das schöne Wäldchen führt der schmale Weg in leichtem Auf und Ab und *endet an einer T-Kreuzung. Hier fährt man nach links und erreicht so das* **9 Südbad** ➤ S. 48, wo ein Trampolin zum Springen und das Wetter hoffentlich zum Sonnen oder Baden einlädt.

8 Greune Stee

2200 m 8 Min.

9 Südbad

1600 m 5 Min.

ZUM COCKTAIL IN DIE STRANDLOUNGE

Danach kehrt man zur T-Kreuzung zurück, fährt jetzt aber weiter geradeaus, wendet sich nach links in die Ems- und dann nach rechts in die Süderstraße. 550 m weiter biegt rechts der Wiesenweg ab, der zum **10 Alten Leuchtturm** ➤ S. 45 und zum **11 Walfischzaun** ➤ S. 45 führt. Kurz darauf verlocken leckere Windbeutel und Ostfriesentee in **12 Oma's Borkumer Teestübchen** ➤ S. 46 zu einer Rast. Nun ist das Ende der Tour in Sicht. Am nahen Bahnhof ist das Fahrrad schnell zurückgegeben, und es geht zu Fuß weiter: zum Sundowner in die schicke Lounge **13 Ria's Beach** ➤ S. 49, um den Tag bei einem leckeren Cocktail oder Abendessen noch einmal Revue passieren zu lassen.

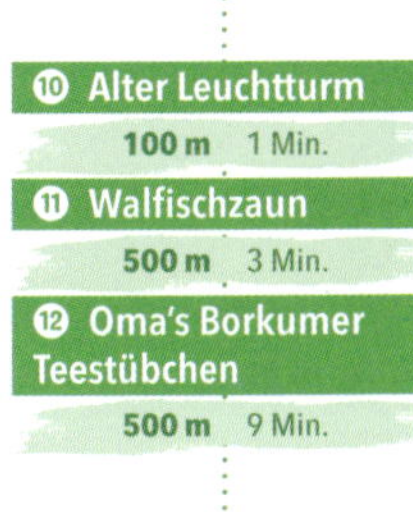

13 Ria's Beach

GUT ZU WISSEN

DIE BASICS FÜR DEINEN URLAUB

ANKOMMEN

ANREISE

Das *Auto* darf man nur nach Borkum und Norderney mitnehmen. An allen Fährhäfen gibt es gebührenpflichtige Parkplätze, zum Teil mit Ladesäulen für E-Autos.

Mit dem *Zug* sind die Fährhäfen Emden und Norddeich-Mole zu erreichen. Zu den anderen Fährhäfen bestehen Busverbindungen vom nächstgelegenen Bahnhof aus.

Tidenunabhängig sind die *Fähren* nach Borkum, Langeoog und Norderney. Für die anderen Inseln ändern sich die Fahrplanzeiten von Tag zu Tag, was jedoch lange im Voraus feststeht und eingesehen werden kann. Über alle Zug-, Bus- und Schiffsverbindungen gibt die Deutsche Bahn Auskunft *(bahn.de)*. Hier die Telefonnummern der *Reedereien* (in Klammern Dauer der Überfahrt): Baltrum von Neßmersiel: *Tel. 04939 9 13 00* (30 Min.); Borkum von Emden: Tel. *01805 18 01 82* (Katamaran 1 Std., Autofähre 2 Std.); Juist von Norddeich-Mole: *Tel. 04931 98 70* (je nach Wasserstand 75–140 Min.); Langeoog von Bensersiel: *Tel. 04971 9 28 90* (35 Min.); Norderney von Norddeich-Mole: *Tel. 04931 98 70* (50 Min.); Spiekeroog von Neuharlingersiel: *buchung.spiekeroog.de* (50 Min.); Wangerooge von Harlesiel: *Tel. 04464 94 94 11* (45 Min.). Links zu allen Fahrplänen unter *die-nordsee.de*.

Per *Flugzeug* erreichen Reisende alle Inseln außer Spiekeroog. Häufige Verbindungen bestehen von Harle nach Baltrum, Langeoog, Norderney und Wangerooge, ab Emden nach Borkum, ab Norddeich nach Juist und Norderney. Über *ostfriesland.travel/service/anreise/flugzeug* sind Links der Anbieter zu finden.

Wangerooge und sein gespiegelter Leuchtturm

VOR ORT

AUSKUNFT

Ausführliche Infos erteilen die jeweiligen Kurverwaltungen. In den Inselorten machen zudem viele Aushänge auf Veranstaltungen und Lokale aufmerksam. Unterhaltsam und informativ sind das „Norderney Magazin" (3,50 Euro) sowie die kostenlosen Borkumer Magazine „Natt & Drög" (Restaurantguide) sowie „Kieken & Kopen" (Einkaufsratgeber).

Prospekte können als PDF über die Website *ostfriesische-inseln.de* heruntergeladen oder oldschool kostenlos auf Papier nach Hause bestellt werden.

AUSFLUGSFAHRTEN

Ausflugsfahrten mit dem Schiff werden auf allen Inseln angeboten. Meist geht es während der Saison täglich zu Seehundsbänken. Häufig sind auch Kutterfahrten, auf denen die Gäste miterleben können, wie die Insulaner Fische oder Krabben fangen. Inselrundfahrten mit dem Bus gibt es nur auf Borkum, Ausflugsfahrten mit Pferdekutschen auf allen Inseln. Auf Spiekeroog lässt sich zudem eine Ausflugsfahrt mit der historischen Pferdebahn unternehmen. Alle Ausflugsfahrten sind bestens in den Orten plakatiert, auch die Kurverwaltungen informieren darüber.

INSIDER-TIPP
Mit dem Kutter aufs Meer

CAMPING & JUGENDHERBERGEN

Campingplätze gibt es auf Baltrum, Borkum, Langeoog, Norderney und Spiekeroog. Der Campingplatz auf Langeoog gehört zur Jugendherberge. Als der am besten ausgestattete Campingplatz gilt der auf Borkum. Unmittelbar am Strand liegt allerdings nur der von Spiekeroog.

Offizielle DJH-Jugendherbergen stehen auf allen Inseln außer auf Baltrum und auf Spiekeroog. Die auf Borkum ist am weitesten vom Strand entfernt, die auf Wangerooge liegt in unmittelbarer Meeresnähe. *jugend herberge.de*

EINTRITTSPREISE

Museen und einige andere Sehenswürdigkeiten erheben Eintritt, meist nur wenige Euro. Inhaber von Kurkarten erhalten ermäßigten Eintritt bzw. pro Aufenthalt einen freien Eintritt.

FKK

Offizielle FKK-Badestrände gibt es nur auf Borkum und Norderney, auf allen anderen Inseln ist das Nacktbaden aber abseits der Hauptstrände genauso möglich.

GESUNDHEIT

Die medizinische Versorgung ist auf allen Inseln gut; auf Baltrum und Spiekeroog fehlt allerdings ein Zahnarzt. Für dringende Notfälle gibt es Hubschrauber zum Festland. Norderney besitzt ein Krankenhaus mit Akutversorgung, Borkum eine Rehaklinik.

GRÜN & FAIR REISEN

Du willst beim Reisen deine CO_2-Bilanz im Hinterkopf behalten? Dann kannst du deine Emissionen kompensieren *(atmosfair.de; myclimate.org)*, deine Route umweltgerecht planen *(routerank.com)* oder auf Natur und Kultur *(gate-tourismus.de)* achten. Mehr über ökologischen Tourismus erfährst du hier: *oete.de* (europaweit); *germanwatch.org* (weltweit).

INTERNET & WLAN

An den Terminals der Kurverwaltungen ist die Nutzung des Internets für Kurkarteninhaber fast auf allen Inseln eine Zeit lang täglich kostenlos. Die Zahl der frei zugänglichen öffentlichen Wlan-Zonen wächst von Jahr zu Jahr. In den meisten Unterkünften gehören sie ohnehin längst zum Standard.

KUREN

Alle Ostfriesischen Inseln sind staatlich anerkannte Nordsee-Heilbäder. Indikationen für eine Kur sind in der Regel Erkrankungen der Atemwege, Herz- und Kreislauferkrankungen, Allergien, rheumatische Erkrankungen, Hormon- und Stoffwechselstörungen, Hautleiden und Entwicklungsstörungen bei Kindern und Jugendlichen. Eine Badekur kann bei den Kostenträgern (Krankenkasse, Sozialversicherung) beantragt werden.

KURTAXE (GÄSTEBEITRAG)

Alle Ostfriesischen Inseln erheben von ihren Gästen ganzjährig eine Kurtaxe, inzwischen meist Gästebeitrag genannt. In der Hauptsaison liegt er für Erwachsene zwischen 3 und 5 Euro pro Tag, in der Nebensaison bei knapp die Hälfte. Kinder und Jugendliche zahlen in der Hauptsaison selten mehr als 2 Euro pro Tag, sonst deutlich weniger. Auf Norderney und Juist sind Kinder unter 14 Jahren ganzjährig vom Kurbeitrag befreit.

FESTE & EVENTS

RUND UMS JAHR

JANUAR

Anbaden am Neujahrstag (Borkum und Norderney) (Foto)

MÄRZ/APRIL (OSTERN)

Orgelkonzert am Karfreitag (Kirche auf Spiekeroog)

Osterfeuer (alle Inseln)

Osterspaziergang (Alte Inselkirche, Spiekeroog)

MAI

Musikfestival (Juist) *juist.de/blog/juister-musikfestival*

PFINGSTEN

Pfingstbaumaufstellen (Norderney, Kurplatz)

Whitesandsfestival (Norderney) *whitesandsfestival.de*

Jazzfestival (Borkum)

JUNI

Nordseelauf (an der Küste und auf den Inseln) *nordseelauf.de*

Filmfest (Emden) *filmfest-emden.de*

JULI

Cello-Festival (Spiekeroog)

AUGUST

Gurkenfest (Langeoog): Die Langeooger Kleingärtner laden ein zu einem Fest für Jung und Alt

Internationales Beachvolleyball-Turnier (Borkum)

SEPTEMBER

Tatort Töwerland (Juist), Krimi-Festival mit Lesungen und mehr

Islandman (Norderney), Triathlon-Wettbewerbe, *islandman-norderney.com*

OKTOBER

Zugvogeltage (diverse Orte auf den Inseln und auf dem Festland) *zugvogeltage.de*

DEZEMBER

Blues-Festival (Borkum)

Silvesterparty (Conversationshaus Norderney)

WAS KOSTET WIE VIEL?

Tee	5,80 Euro *für ein Kännchen Tee auf Langeoog*
Eis	6,40 Euro *für einen Schwarzwaldbecher auf Norderney*
Bockwurst	3,50 Euro *auf der Fährfahrt nach Langeoog*
Fahrrad	ca. 25 Euro *für ein E-Bike pro Tag*
Strandkorb	12 Euro *pro Tag am Hundestrand auf Spiekeroog*
Parken	5,50 Euro *pro Tag in Norddeich*

NATURSCHUTZ

Auf allen Inseln sind drei Zonen unterschiedlicher Schutzintensität ausgewiesen. Die Ruhezone darf das ganze Jahr über nur auf den ausgewiesenen Wegen betreten werden. Für die Zwischenzone gilt diese Vorschrift meistens von April bis Juli; örtliche Behörden können weitere Verbote aussprechen. Hunde müssen in diesen Gebieten grundsätzlich an der Leine geführt werden. Pflanzen zu pflücken ist im gesamten Nationalpark verboten. Die Natur hat überall Vorrang vor dem Menschen; nur in der Erholungszone, die normalerweise die Orte und Badestrände umfasst, wird rein touristischen Interessen stärker Rechnung getragen.

ÖFFNUNGSZEITEN

In der Hauptsaison (Beginn der Osterferien bis Ende der Herbstferien in Niedersachsen und Nordrhein-Westfalen sowie um den Jahreswechsel) haben viele Geschäfte auch sonntags geöffnet. Die genannten Öffnungszeiten beziehen sich auf die Hochsaison. Wo bei Restaurants Ruhetage genannt sind, gelten sie ganzjährig. Wo keine Angaben gemacht werden, gilt in der Regel: in der Saison täglich, ansonsten Ruhetag je nach Touristenandrang möglich.
Im Winter können Restaurants, Hotels und Sehenswürdigkeiten sowie teils auch die Schwimm- und Spaßbäder ganz geschlossen sein.

RUNDFLÜGE

Nicht gerade nachhaltig, aber beliebt: Rundflüge über die eigene Urlaubsinsel, aber auch über alle sieben Inseln können überall außer auf Spiekeroog gebucht werden. Feste Termine gibt es dafür jedoch nicht, der Preis richtet sich nach der Teilnehmerzahl. *Informationen über die Kurverwaltungen und unter inselflieger.de*

STRANDKÖRBE & -ZELTE

Strandkörbe kann man auf allen Inseln mieten, auf Borkum auch etwas preisgünstigere Strandzelte. Außer für Juist sind auch schriftliche Vorbestellungen möglich, die bis Ende April oder Mai erfolgen müssen.

TIDENKALENDER

Einen Kalender, der die Hoch- und Niedrigwasserzeiten für jeden Tag des Jahres nennt, sind entweder kostenlos oder gegen geringe Gebühr in den Kurverwaltungen erhältlich.

ZIMMERSUCHE

Über die Internetseite *nordsee.de* können viele Unterkünfte auf den Inseln gebucht werden. Zudem gibt es reich bebilderte Verzeichnisse, die kostenlos von den Kurverwaltungen oder über obige Website bezogen werden können und auch vor Ort ausliegen. Sie enthalten Hotels, Pensionen, Privatzimmer sowie Ferienhäuser und -wohnungen. Auch bei Portalen wie *booking.com* oder *hrs.de* sind Inselhotels zunehmend zu finden.

Wer ohne Reservierung auf eine der Inseln kommt – zu empfehlen nur in der Nebensaison –, kann sich von der jeweiligen Informationsstelle freie Unterkünfte nennen lassen. Auf mehreren Inseln sind Informationssysteme installiert, die außerhalb der Geschäftszeiten freie Quartiere nennen. Allerdings erfasst das System meist nur die größeren und teureren Hotels.

WICHTIGER HINWEIS

BADEVERBOTE

Aus Sicherheitsgründen sollte man nur an den bewachten Stränden ins Wasser gehen. Wird ein roter Warnball aufgezogen, bedeutet das Badeverbot für Kinder und Nichtschwimmer. Zwei hochgezogene Warnbälle signalisieren ein allgemeines Badeverbot. Dies ist unbedingt zu beachten!

WETTER AUF BORKUM

Hauptsaison: Juni, Juli, Aug. – Nebensaison: übrige Monate

	JAN.	FEB.	MÄRZ	APRIL	MAI	JUNI	JULI	AUG.	SEPT.	OKT.	NOV.	DEZ.
Tagestemperaturen	3°	4°	6°	10°	15°	18°	20°	20°	18°	13°	8°	5°
Nachttemperaturen	-1°	-1°	1°	5°	8°	12°	14°	14°	12°	8°	4°	1°
Sonnenschein Stunden/Tag	1	2	4	5	6	8	6	6	5	3	2	1
Niederschlag Tage/Monat	12	10	8	8	7	8	11	11	11	13	13	12
Wassertemperatur	4°	4°	4°	6°	10°	13°	16°	17°	16°	13°	9°	6°

Sonnenschein Stunden/Tag · Niederschlag Tage/Monat · Wassertemperatur

URLAUBS FEELING

ZUM EINSTIMMEN & AUSKLINGEN

LESESTOFF & FILMFUTTER

DAS KOCHBUCH AUS OSTFRIESLAND

Annelene von der Haars Kochbuchklassiker sieht nicht nur aus wie Omas geliebtes altes Kochbuch, sondern beinhaltet auch ihre köstlich-traditionellen Rezepte (1975).

BIS AUF DEN GRUND

Im traumschönen Juist lassen Autoren gern grausige Verbrechergeschichten spielen. So auch die Kabarettistin Kathrin Heinrichs. Das ungleiche Ermittlerduo Anton und Zofia besticht durch seinen Witz – und dazu gibt's jede Menge Inselflair (2018).

AKTE WANGEROOGE

Komplett ausgedacht, aber clever gemacht: eine 20-minütige Doku über die neue Steueroase Wangerooge, in der bis auf den Hauptdarsteller Erik Schäffler die Wangerooger selbst mitspielen. Auf Youtube (2017).

MORD AUF LANGEOOG

Der Titel ist etwas platt, das Tempo gemächlich, aber Langeoog hat im Tatort mit Wotan Wilke Möhring einen starken Auftritt (2013). Spannend waren auch der Dreh, da alles Equipment auf der autofreien Insel per Pferd und Wagen oder E-Karren transportiert wurde.

PLAYLIST QUERBEET

KLAUS UND KLAUS – AN DER NORDSEEKÜSTE
Absoluter Klassiker, der nicht nur am plattdeutschen Strand schnell für einen Ohrwurm sorgt.

LALE ANDERSEN – LILI MARLEEN
Mit ihrem vielleicht bekanntesten Lied im Ohr kann man am ehemaligen Wohnhaus der Sängerin auf Langeoog vorbeispazieren.

PAUL KALKBRENNER – SKY AND SAND
Burgen im Sand wie in diesem Lied lassen sich auf jeder der Inseln bauen. Die perfekte musikalische Untermalung für den langen Abend am Strand.

BLANK & JONES – SEASIDE SEASON
Über zehn Mixalben haben Blank & Jones inzwischen schon unter der Norderneyer „Milchbar"-Flagge abgemischt. Pures musikalisches Inselfeeling garantiert.

Den Soundtrack zum Urlaub gibt's auf **Spotify** unter **MARCO POLO Nordsee**

Oder Code mit Spotify-App scannen

AB INS NETZ

PLATTDEUTSCHES WÖRTERBUCH
App mit 24 000 hochdeutschen und 33 000 plattdeutschen Begriffen, spezielle Karte für nur regional gebräuchliche Vokabeln.

THALASSO GUIDE
Hier lüften die Ostfriesischen Inseln auch noch das letzte Geheimnis rund um die Meerwasserbehandlung.

JUIST APP
Aktuelle Infos zu Fahrplänen und Gezeiten, Tipps für Wassersportler und Wanderer, praktische Hilfen bis hin zur Buchung von Fahrrädern: Das und mehr bietet die neue App.

REAL TIDE
Der Gezeitenkalender als kostenpflichtige App. Zeigt Hoch- und Niedrigwasser für den aktuellen, GPS-bestimmten Standort und jeden anderen Punkt im Nordseeraum.

MARINETRAFFIC
Hier kann man in Echtzeit sehen, welche Schiffe gerade vor dem eigenen Küstenabschnitt unterwegs sind und wohin sie fahren.

TRAVEL PURSUIT

DAS MARCO POLO URLAUBSQUIZ

Weißt du, wie die Ostfriesischen Inseln ticken? Teste hier dein Wissen über die kleinen Geheimnisse und Eigenheiten von Land und Leuten. Die Lösungen findest du in der Fußzeile. Und ganz ausführlich auf den S. 20–25.

❶ Warum wurden früher Feuer auf Schiffen entzündet?

a) Um mit dem Licht Fische in die Netze zu locken
b) Um anderen Schiffen den Weg zu weisen
c) Um den Frühling zu begrüßen

❷ Was sind Tiden?

a) Die Gezeiten, also Ebbe und Flut
b) Die Wolken im Ostfriesentee, wenn man Sahne hineingießt
c) Die Pfeiler, an denen Schiffe festmachen

❸ Warum wurden viele Dörfer von der Inselmitte an den Westrand verlegt?

a) Sie wurden nicht verlegt, die Insel ist unter ihnen „weggewandert"
b) Um besser erreichbar zu sein
c) Weil der Baugrund dort stabiler ist

❹ Was ist Meersenf?

a) Eine Alge, aus der ein Aufstrich gewonnen wird
b) Ein Gewürz, das zu Grünkohl gereicht wird
c) Eine Pflanze im Dünengürtel

Was wächst denn da? M......f!

❺ Welche Sprache beherrschen ältere Insulaner?

a) Friesisch
b) Plattdeutsch
c) Holländisch

❻ Was ist das Verdienst von Eckart Strate?

a) Er hat Baltrums Bewohner aus einer Sturmflut gerettet
b) Er hat das Dünensingen auf Spiekeroog etabliert
c) Er war Borkums erfolgreichster Walfänger

❼ Warum liegt Langeoog im Clinch mit Brüssel?

a) Die EU weigert sich, Langeooger Grog als Spezialität anzuerkennen
b) Die EU hat die Insel verpflichtet, Benzinmotoren zuzulassen
c) Ein Langeooger Paar hat die EU verklagt, um besseren Klimaschutz zu erreichen

❽ Welche Stacheln findet man auf Norderney?

a) Knochen des Nordseeknorpelfischs, einer Unterart des Rochens
b) Buhnen, die auf Luftbildern wie Stacheln wirken und die Insel vor der Flut schützen
c) Die im Norderneyer Stachelbeerkuchen

❾ Um welche Höhe hebt sich das Wasser auf Borkum bei Flut im Schnitt?

a) 0,25 m
b)1,73 m
c)2,29 m

❿ Was ist Bant?

a) Eine versunkene Insel
b) Nutzloses Strandgut
c) Garn zum Stopfen von Netzen

REGISTER

LOB ODER KRITIK? WIR FREUEN UNS AUF DEINE NACHRICHT!

Trotz gründlicher Recherche schleichen sich manchmal Fehler ein. Wir hoffen, du hast Verständnis, dass der Verlag dafür keine Haftung übernehmen kann.

MARCO POLO Redaktion • MAIRDUMONT • Postfach 31 51
73751 Ostfildern • info@marcopolo.de

Impressum
Fotos: DuMont Bildarchiv: M. Kirchner (22, 48, 59, 100, 116/117), O. Meinhardt (29); O. Heinze (10, 36, 56, 64/65, 104, 106/107, 110); huber-images: C. Bäck (Klappe vorne außen, Klappe vorne innen/1, 14/15, 127), U. Bernhart (25, 83), Gräfenhain (34/35, 40/41); V. Kühn (139); Laif: M. Dreysse (61), M. Kirchner (26/27, 33, 44, 70, 80, 91, 114, 118, 128/129), V. Müller (134/135); Look: U. Böttcher (50/51), K. Wothe (84/85, 92/93, 96/97, 103); mauritius images: C. Bäck (124), R. Frank (136/137), M. Habel (Klappe hinten, 16/17, 54/55, 69, 73, 74, 88, 112/113), Pixtal (76/77); mauritius images/age: Hoffmann Photography (30); mauritius images/Alamy: D. Rueter (8/9), Zoonar (11); mauritius images/foodcollection (28/29); mauritius images/hemis.fr: R. Mattes (6/7); mauritius images/imagebroker: W. Wirth (131); mauritius images/Photononstop: C. Delahaye (94); picture-alliance: M. Narten (47), J. Tack (2/3); picture-alliance/dpa: F. Rumpenhorst (120), S. Schuldt (13); picture-alliance/imagebroker: R. Frank (32/33); A. Schlatterer (12); Shutterstock: fretschi (21), honorick (62)

16., aktualisierte Auflage 2023

Autoren: Klaus Bötig, Volker Kühn
Redaktion: Marlis von Hessert-Fraatz
Bildredaktion: Anja Schlatterer
Kartografie: © MAIRDUMONT, Ostfildern (S. 38–39, 118, 121, 123, Umschlag außen, Faltkarte Nebenkarten); DuMont Reisekartografie, Fürstenfeldbruck © MAIRDUMONT, Ostfildern (Faltkarte); Kompass Karten GmbH, A-Innsbruck © MAIRDUMONT, Ostfildern (S. 126); © MAIRDUMONT, Ostfildern, unter Verwendung von Kartendaten von OpenStreetMap, Lizenz CC-BY-SA 2.0 (S. 42–43, 52–53, 66–67, 78–79, 86–87, 98–99, 108–109)
Als touristischer Verlag stellen wir bei den Karten nur den De-facto-Stand dar. Dieser kann von der völkerrechtlichen Lage abweichen und ist völlig wertungsfrei.
Gestaltung Cover, Umschlag und Faltkartencover: bilekjaeger_Kreativagentur mit Zukunftswerkstatt, Stuttgart; Gestaltung Innenlayout: Langenstein Communication GmbH, Ludwigsburg
Texte hintere Umschlagklappe: Lucia Rojas
Konzept Coverlines: Jutta Metzler, bessere-texte.de
Printed in China

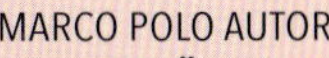

MARCO POLO AUTOR
VOLKER KÜHN
Nein, Liebe auf den ersten Blick war es nicht. Als er mit acht Jahren nach Spiekeroog zog, wo sein Vater für einige Monate als Lehrer im Internat arbeitete, wollte Volker Kühn nur eins: zurück zu seinem alten Freundeskreis. Es vergingen zehn Jahre bis zu seinem nächsten Besuch auf der Insel. Aber seitdem kommt der Oldenburger Journalist regelmäßig. Und ja, jetzt ist es tatsächlich Liebe.

BLOSS NICHT!

FETTNÄPFCHEN UND REINFÄLLE VERMEIDEN

AUF DÜNEN KLETTERN

Die Dünen sind für die Insulaner lebensnotwendig. Sie bilden eine Art natürlichen Deich – aber nur, solange ihre Pflanzendecke intakt ist. Deswegen sollte man auf den Wegen bleiben und auch keine Kippen in die Vegetation werfen. Das zarte Grün kann Feuer fangen!

MÖWEN FÜTTERN

Möwengeschrei ist Musik in Touristenohren – für andere Vögel ist es ein Warnsignal. Denn die aggressiven Möwen gefährden ihre Brut. Wer Möwen füttert, macht es den übrigen Piepmätzen noch schwerer.

KURZ VOR KNAPP KOMMEN

Die Fähren sind zwar meist pünktlich und selbst im Sommertrubel fällt die Orientierung am Hafen leicht. Trotzdem sollte man ein Stündchen Zeitpuffer mitbringen, um das Gepäck zu verladen und das Ticket im Gewirr der Jackentaschen wiederzufinden. Bloß keinen Stress im Urlaub!

SPONTAN EIN BETT SUCHEN

Früher waren die Inseln im Juli und August oft völlig ausgebucht. Inzwischen kann man das „oft" streichen und durch „immer" ersetzen. Wer ohne Reservierung kommt, findet dann kein Zimmer, egal, ob billig oder teuer.

SEEHUNDBABYS STREICHELN

Mit ihren Kulleraugen zählen sie zum Süßesten, was die Tierwelt der Nordsee bereithält. Wer einen Heuler entdeckt, hält trotzdem 500 m Abstand und informiert die Kurverwaltung oder den Nationalpark! Dort weiß man am besten, wie man den Kleinen hilft. Und ob das überhaupt nötig ist.